実戦

韓国語文法

실전 한국어 문법

ソン・ウォン 著
Song Won

はじめに

みなさま、はじめまして。著者のソン・ウォン（송원）と申します。

まずは、この本を手に取っていただきありがとうございます。

この本を通して韓国語の勉強をはじめるみなさまのお手伝いができることを、とてもうれしく思います。

突然ですが、あなたが韓国語を勉強する理由は何でしょうか？

ドラマやK-POPが好き、食べ物が好き、旅行に行きたい、仕事のため……理由はそれぞれだと思いますが、共通しているのは韓国という国や韓国語への関心だと思います。

その国のことや使われている言語に関心を持つことは、知識をつけること以前に、言語学習を進めるうえで実は最も大事なことなのではないかと思っています。「もっとあれこれ知りたい！」という気持ちが新たな知識を得る原動力になり、勉強がどんどん楽しくなっていくはずです。

日本でも学校で英語を学ぶと思いますが、「単語テスト」や「文法の授業」に悩まされた経験はないでしょうか。韓国でも同じように英語や日本語の授業がありますが、私自身もそういった外国語の勉強のしかたは好きではありませんでした。なのでこの本も、「単語を勉強してもらって覚えているかテスト」したり、「文法についてあれこれ解説した文を読み込んで」もらったりするような作りにはしていません。

その代わりに、私自身が英語や日本語を独学で身につけたり、身のまわりの外国人に韓国語を教えたりする中で「最も言語を学びやすく、記憶に定着しやすい」と効果を感じた学習メソッドを凝縮し、「例文を見て練習問題を解く」というシンプルな構成で韓国語が身に付くように作っています。

練習問題は、例文を見ながら解いても構いません。文法ルールを記憶できているかどうかではなく、まずはその文章の形に慣れてもらうことが大事だからです。○や×の数を数えるのではなく、その言葉の正しい形をしっかり確認して、その形に慣れることを優先してみてください。間違ったことを気にする必要はありません。新しく触れた言葉やフレーズをとにかく使って体に慣らしていくことで、韓国語を使うための頭と口の準備がどんどん出来ていきます。

この本に書かれていることをより深く理解できるように、YouTube に解説動画を準備しました。一番良いのは本と一緒に使っていただくことですが、本を開けないときやちょっとしたすきまの時間など、いつでも韓国語に触れられるように準備したものなので、ぜひ有効活用してみてください。

言葉は、人とコミュニケーションを取るための道具です。新しい言語を身につけるということは、機械や人による通訳を通さずに直接気持ちを伝えあえる人が、その言語を話す人口の分だけ増えるということなので、間違いを恐れずとにかく使っていってください。新しい世界につながる鍵は持っているのに、その扉を開けないでいることほどもったいないことはないです。

この本があなたの韓国語学習の助けになることを心から願っています！

ソン・ウォン（송원）

もくじ

PART 1　会話から文法を学ぼう!

PART 2 確認テスト・解答一覧・単語リスト

音声のご利用方法

本書は、音声を聞くことができます。
以下の方法でご利用いただくか、各課の上部にあるQRコードからも
音声ページにアクセスしていただけます。

①パソコン・スマートフォン・タブレット等の端末から、下記のサイトに
アクセスしてください。

②お好きなトラック番号を再生いただくか、リンクから音声ファイルを
一括ダウンロードしてご利用ください。

https://www.shin-sei.co.jp/KoreanGrammarforSpeaking/

※本音声は、PC/iOS/Android端末でご利用いただけます。
※一部機種によっては再生できない場合があります。
※ご利用の端末がインターネットに接続されている必要があります。
※スマートフォン・タブレットでご利用いただく場合、Wi-Fiに接続した状態でのご利用を推奨いたします。
※なお、上記サービスの内容は予告なく変更・終了する場合がございます。あらかじめご了承ください。

動画について

本書には、著者による解説動画がついています。
以下のQRコードからYouTubeの再生リストにアクセスしていただき、
お好きな動画をご視聴ください。
本書とあわせて理解度を深めていただくほか、
スキマ時間での学習にもご利用いただけます。

PART 1

会話から文法を学ぼう！

Lesson_01

読む&書く

書き順と発音

子音

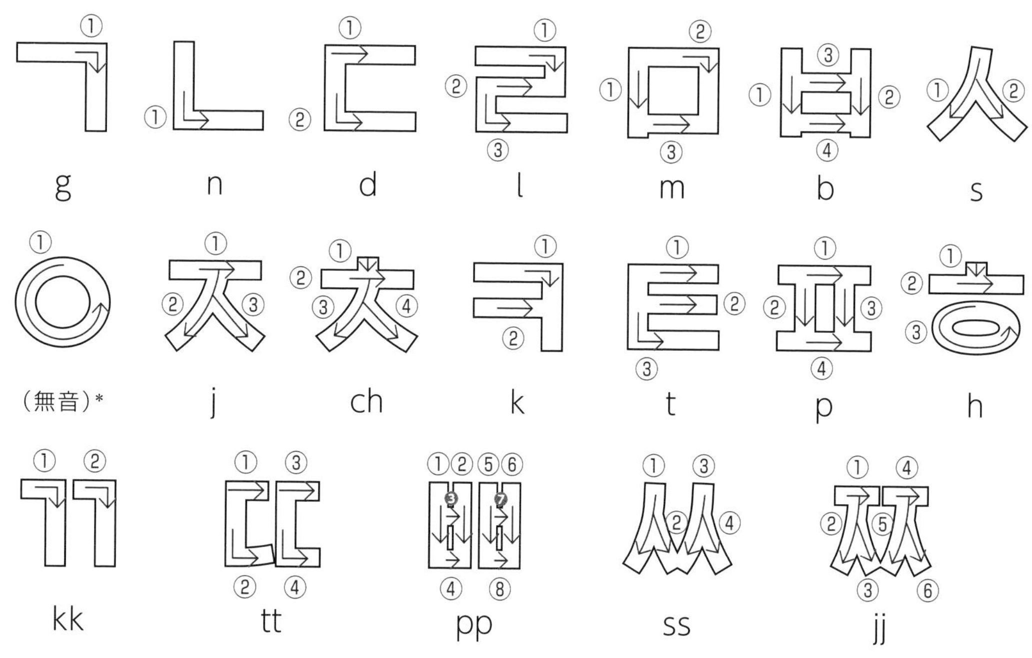

*ㅇはパッチムでは-ngの発音になる。

母音

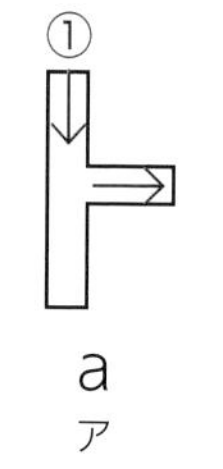

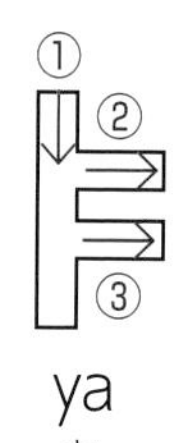

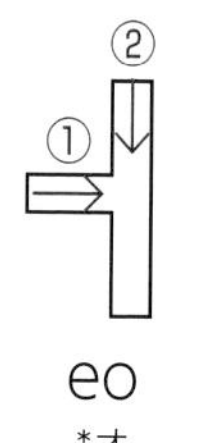

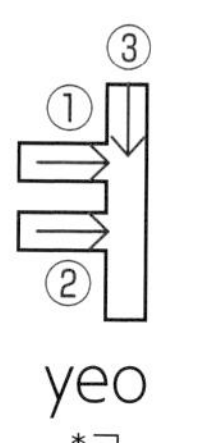

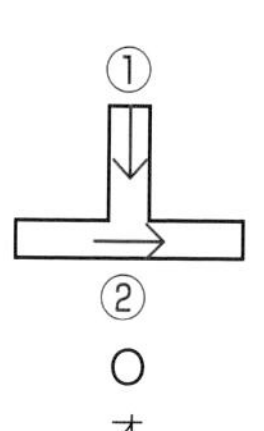

*口を縦に開けて「オ」「ヨ」というイメージ

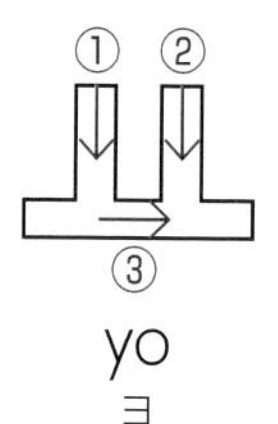

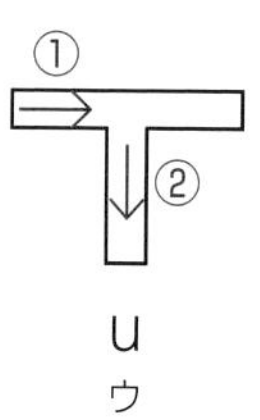

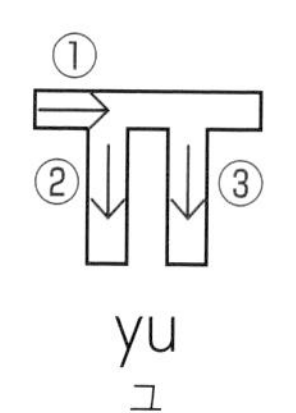

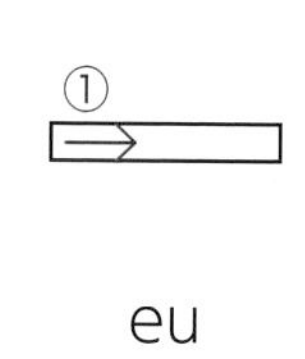

*口を横に開いて
「ウ」というイメージ

子音 母音

ㄱ + ㅏ = 가
g a ga

ㄴ + ㅏ = 나
n a na

子音
母音

ㄷ + ㅗ = 도
d o do

ㄹ + ㅗ = 로
l o lo

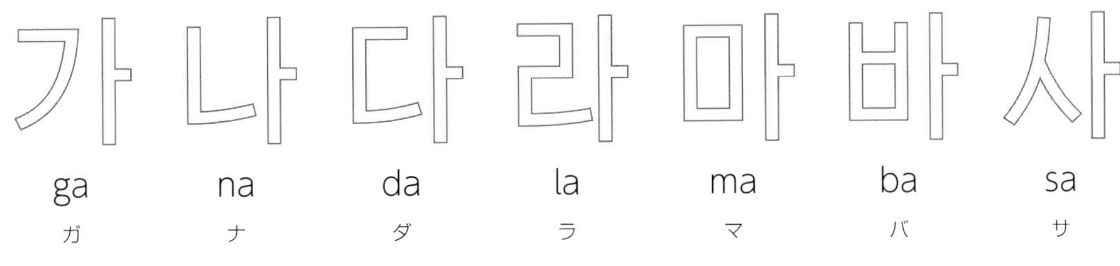

가	나	다	라	마	바	사
ga	na	da	la	ma	ba	sa
ガ	ナ	ダ	ラ	マ	バ	サ

아	자	차	카	타	파	하
a	ja	cha	ka	ta	pa	ha
ア	ジャ	チャ	カ	タ	パ	ハ

*息は強く吐かないで、弾むように発音する。 がっかり、ぴったり、しっぱい「っ」の後のような詰まった音。

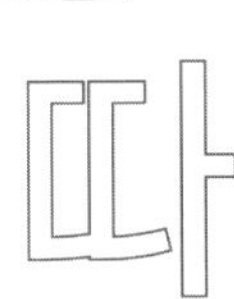
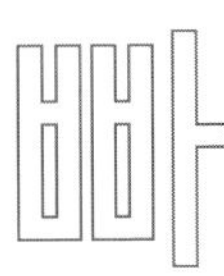
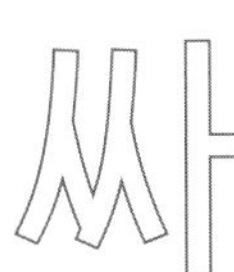
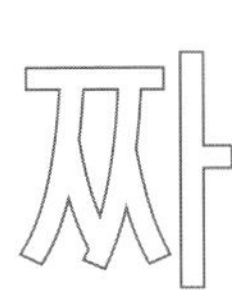

까	따	빠	싸	짜
kka	tta	ppa	ssa	jja
(ッ)カ	(ッ)タ	(ッ)パ	(ッ)サ	(ッ)チャ

Lesson_02

読む&書く

子音＋母音の文字

母音 子音	ㅏ	ㅑ	ㅓ	ㅕ	ㅗ	ㅛ	ㅜ	ㅠ	ㅡ	ㅣ
ㄱ	가 ga ガ	갸 gya ギャ	거 geo ゴ	겨 gyeo ギョ	고 go ゴ	교 gyo ギョ	구 gu グ	규 gyu ギュ	그 geu グ	기 gi ギ
ㄴ	나 na ナ	냐 nya ニャ	너 neo ノ	녀 nyeo ニョ	노 no ノ	뇨 nyo ニョ	누 nu ヌ	뉴 nyu ニュ	느 neu ヌ	니 ni ニ
ㄷ	다 da ダ	댜 dya デャ	더 deo ド	뎌 dyeo デョ	도 do ド	됴 dyo デョ	두 du ドゥ	듀 dyu ドュ	드 deu ドゥ	디 di ディ
ㄹ	라 la ラ	랴 lya リャ	러 leo ロ	려 lyeo リョ	로 lo ロ	료 lyo リョ	루 lu ル	류 lyu リュ	르 leu ル	리 li リ
ㅁ	마 ma マ	먀 mya ミャ	머 meo モ	며 myeo ミョ	모 mo モ	묘 myo ミョ	무 mu ム	뮤 myu ミュ	므 meu ム	미 mi ミ
ㅂ	바 ba バ	뱌 bya ビャ	버 beo ボ	벼 byeo ビョ	보 bo ボ	뵤 byo ビョ	부 bu ブ	뷰 byu ビュ	브 beu ブ	비 bi ビ
ㅅ	사 sa サ	샤 sya シャ	서 seo ソ	셔 syeo ショ	소 so ソ	쇼 syo ショ	수 su ス	슈 syu シュ	스 seu ス	시 si シ
ㅇ	아 a ア	야 ya ヤ	어 eo オ	여 yeo ヨ	오 o オ	요 yo ヨ	우 u ウ	유 yu ユ	으 eu ウ	이 i イ
ㅈ	자 ja ヂャ	쟈 jya ヂャ	저 jeo ジョ	져 jyeo ジョ	조 jo ジョ	죠 jyo ジョ	주 ju ジュ	쥬 jyu ヂュ	즈 jeu ヂュ	지 ji ヂ
ㅊ	차 cha チャ	챠 chya チャ	처 cheo チョ	쳐 chyeo チョ	초 cho チョ	쵸 chyo チョ	추 chu チュ	츄 chyu チュ	츠 cheu チュ	치 chi チ
ㅋ	카 ka カ	캬 kya キャ	커 keo コ	켜 kyeo キョ	코 ko コ	쿄 kyo キョ	쿠 ku ク	큐 kyu キュ	크 keu ク	키 ki キ
ㅌ	타 ta タ	탸 tya テャ	터 teo ト	텨 tyeo テョ	토 to ト	툐 tyo テョ	투 tu トゥ	튜 tyu テュ	트 teu トゥ	티 ti ティ

子音＼母音	ㅏ	ㅑ	ㅓ	ㅕ	ㅗ	ㅛ	ㅜ	ㅠ	ㅡ	ㅣ
ㅍ	파 pa パ	퍄 pya ピャ	퍼 peo ポ	펴 pyeo ピョ	포 po ポ	표 pyo ピョ	푸 pu プ	퓨 pyu ピュ	프 peu プ	피 pi ピ
ㅎ	하 ha ハ	햐 hya ヒャ	허 heo ホ	혀 hyeo ヒョ	호 ho ホ	효 hyo ヒョ	후 hu フ	휴 hyu ヒュ	흐 heu フ	히 hi ヒ

ㄲ	까 kka ッカ	꺄 kkya ッキャ	꺼 kkeo ッコ	껴 kkyeo ッキョ	꼬 kko ッコ	꾜 kkyo ッキョ	꾸 kku ック	뀨 kkyu ッキュ	끄 kkeu ック	끼 kki ッキ
ㄸ	따 tta ッタ	땨 ttya ッテャ	떠 tteo ット	뗘 ttyeo ッテョ	또 tto ット	뚀 ttyo ッテョ	뚜 ttu ットゥ	뜌 ttyu ッテュ	뜨 tteu ットゥ	띠 tti ッティ
ㅃ	빠 ppa ッパ	뺘 ppya ッピャ	뻐 ppeo ッポ	뼈 ppyeo ッピョ	뽀 ppo ッポ	뾰 ppyo ッピョ	뿌 ppu ップ	쀼 ppyu ッピュ	쁘 ppeu ップ	삐 ppi ッピ
ㅆ	싸 ssa ッサ	쌰 ssya ッシャ	써 sseo ッソ	쎠 ssyeo ッショ	쏘 sso ッソ	쑈 ssyo ッショ	쑤 ssu ッス	쓔 ssyu ッシュ	쓰 sseu ッス	씨 ssi ッシ
ㅉ	짜 jja ッチャ	쨔 jjya ッチャ	쩌 jjeo ッチョ	쪄 jjyeo ッチョ	쪼 jjo ッチョ	쬬 jjyo ッチョ	쭈 jju ッチュ	쮸 jjyu ッチュ	쯔 jjeu ッチュ	찌 jji ッチ

PRACTICE

1 下の文字を書きながら大きな声で読んでみましょう。
2 滑らかに読めるようになるまで練習してみましょう。
3 慣れたらより早く読めるよう練習してみましょう。

Lesson_03

二重母音

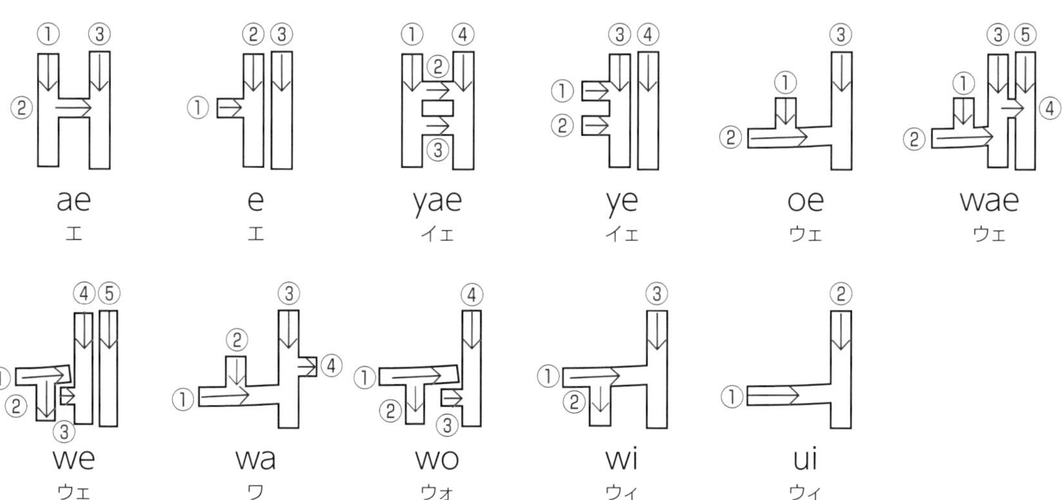

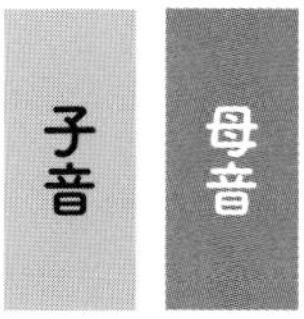

ㄱ + ㅐ = 개
g　ae　gae

ㄴ + ㅔ = 네
n　e　ne

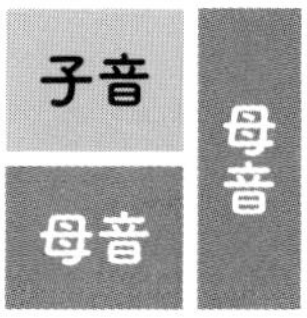

ㄷ + ㅙ = 돼
d　wae　dwae

ㅂ + ㅘ = 봐
b　wa　bwa

개
gae
ケ

ne
ネ

dwae
ドェ

bwa
ブヮ

mwo
ムォ

jwi
ヂュィ

ui
ウィ

PRACTICE

1 下の文字をなぞりながら大きな声で読んでみましょう。
2 滑らかに読めるようになるまで練習してみましょう。

숙제 宿題	동생 妹/弟	병원 病院	책상 机	전화 電話
냉면 冷麺	공책 ノート	문제 問題	계획 計画	어깨 肩
미래 未来	과거 過去	현재 現在	과제 課題	제목 タイトル
평화 平和	대화 対話	사과 リンゴ	괴물 怪物	귀신 幽霊
전쟁 戦争	맥주 ビール	권투 ボクシング	은행 銀行	돼지 豚
생명 生命	매미 蝉	여행 旅行	액자 額縁	액체 液体
앨범 アルバム	침대 ベッド	대표 代表	배낭 リュック	학생 学生
생일 誕生日	완료 完了	예문 例文	외국 外国	예의 礼儀
예절 礼節	과일 フルーツ	세수 洗顔	의사 医師	샤워 シャワー
자세 姿勢	경제 経済	문화 文化	사회 社会	회의 会議

Lesson_04

読む&書く

パッチム

文字の下の部分につく子音を「パッチム」という。

パッチムに使われる子音

ㄱ	ㄴ	ㄷ	ㄹ	ㅁ	ㅂ	ㅅ	ㅇ	ㅈ	ㅊ	ㅋ	ㅌ	ㅍ	ㅎ
g	n	d	l	m	b	s	-ng	j	ch	k	t	p	h

子音 母音
パッチム

ㄱ + ㅏ + ㄴ = 간
n gan

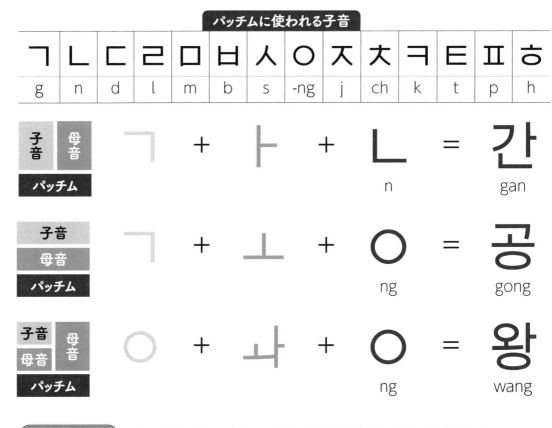

子音
母音
パッチム

ㄱ + ㅗ + ㅇ = 공
ng gong

子音 母音
母音
パッチム

ㅇ + ㅘ + ㅇ = 왕
ng wang

要注意な発音 ＊1、2は次の文字のはじめの子音がㅇ以外のとき、発音が変わります。

1 パッチムがㄱ, ㅋ, ㄲ, ㄺ, ㄳ → k の発音

例) 도시락, 책, 부엌, 낚시, 대박, 맑다, 넋

2 パッチムがㄷ, ㅅ, ㅈ, ㅊ, ㅌ, ㅎ, ㅆ → t の発音

例) 갇히다, 갓, 갖다, 낮, 닻, 찾다, 같다, 걷다, 꽃

3 パッチムがㅂ, ㅍ → p の発音

例) 밥, 갚다

4 パッチムがㅇのとき → -ng の発音

例) 창문, 영어, 방, 강

PRACTICE

1 下の文字をなぞりながら大きな声で読んでみましょう。
2 滑らかに読めるようになるまで練習してみましょう。

창문 窓	남자 男性	친구 友達	양말 靴下	영국 イギリス
사람 人	교실 教室	영어 英語	한국 韓国	미국 米国
신발 靴	서울 ソウル	연필 鉛筆	낚시 釣り	공부 勉強
경찰 警察	일본 日本	무릎 ひざ	학교 学校	가방 鞄
번호 番号	결혼 結婚	성공 成功	사진 写真	뉴욕 ニューヨーク
언니 姉(女性から見た)	가족 家族	엄마 お母さん	감기 風邪	기침 咳
안경 メガネ	약국 薬局	전철 電車	전통 伝統	축구 サッカー
농구 バスケットボール	질문 質問	필통 筆箱	사전 辞典	독일 ドイツ
전기 電気	라면 ラーメン	김밥 キンパ(のり巻き)	공기 空気	소문 うわさ
자연 自然	연기 煙	한복 韓服	손톱 爪	지문 指紋

Lesson_05

数字（漢数詞）

「いち、に、さん……」と数える数字を漢数詞といいます。
年月日、番号、お金などを数えるときに使います。

0	1	2	3	4	5	6	7	8	9	10
영/공	일	이	삼	사	오	육	칠	팔	구	십

11	12	13	14	15	16	17	18	19	20	21
십일	십이	십삼	십사	십오	십육	십칠	십팔	십구	이십	이십일

10	20	30	40	50	60	70	80	90	100	200
십	이십	삼십	사십	오십	육십	칠십	팔십	구십	백	이백

100	1,000	10,000	100,000	1,000,000
백	천	만	십만	백만

PRACTICE

空いている欄に書き込んで練習してみましょう。

0	1	2	3	4	5	6	7	8	9	10

11	12	13	14	15	16	17	18	19	20	21

10	20	30	40	50	60	70	80	90	100	200

100	1,000	10,000	100,000	1,000,000

PRACTICE

解答 ▶ 148ページ

1 次の単語を空欄に書き写しましょう。

①전화번호 ＿＿＿＿＿
電話番号

②우편번호 ＿＿＿＿＿
郵便番号

③년 ＿＿＿＿＿
年

④출구 ＿＿＿＿＿
出口

⑤번 (번호) ＿＿＿＿＿
番

⑥월 ＿＿＿＿＿
月

⑦원 ＿＿＿＿＿
ウォン(韓国のお金)

⑧층 ＿＿＿＿＿
階

⑨일 ＿＿＿＿＿
日

2 次の質問に韓国語で答えましょう。

①今日は何年何月何日ですか? (例) 이천 이십 이년 팔월 십 육일

②あなたの生年月日はいつですか? ＿＿＿＿＿

③あなたの電話番号は何番ですか? ＿＿＿＿＿

④あなたの郵便番号は何番ですか? ＿＿＿＿＿

3 次の数字を韓国語に書き換えましょう。

①010-2434-1840 → 공일공-이사삼사-일팔사공

②2015年 5月 23日 → ＿＿＿＿＿

③39,000ウォン → ＿＿＿＿＿

④1307番 → ＿＿＿＿＿

⑤郵便番号 170-5142 → ＿＿＿＿＿

⑥10階 → ＿＿＿＿＿

⑦6番出口 → ＿＿＿＿＿

Lesson_06

数字(固有数詞)

「ひとつ、ふたつ、みっつ……」と数える数字を固有数詞といいます。
ものの個数、時間、年齢などをいう時に使います。

1	2	3	4	5	6	7	8	9	10
하나(한)	둘(두)	셋(세)	넷(네)	다섯	여섯	일곱	여덟	아홉	열
11	**12**	**13**	**14**	**15**	**16**	**17**	**18**	**19**	**20**
열하나	열둘	열셋	열넷	열다섯	열여섯	열일곱	열여덟	열아홉	스물 (스무)

30	40	50	60	70	80	90	100
서른	마흔	쉰	예순	일흔	여든	아흔	백

ものの数え方

個	歳	名	瓶	杯	冊	着	台
개	살	명	병	잔	권	벌	대
枚	月	時	分	秒	切れ	匹	杯
장	달/개월	시	분	초	조각	마리	그릇

例文 몇:いくつ

A: 몇 분이세요? B: 두 명이요.	何名様ですか? 二人です。	A: 사과 한 개에 얼마예요? B: 2,000원이에요.	りんご1個いくらですか? 2,000ウォンです。
A: 맥주 한 병 주세요. B: 네.	ビール1瓶下さい。 はい。	A: 몇 살이에요? B: 스물 일곱 살이에요.	何歳ですか? 27歳です。
A: 물을 한 잔 주세요. B: 셀프예요.	水を一杯下さい。 セルフです。	A: 고양이는 몇 마리예요? B: 다섯 마리예요.	猫は何匹ですか? 5匹です。

PRACTICE

解答 ▶ 148ページ

1 次の数字を固有数詞で3回ずつ書きましょう。

1	2	3	4	5	6	7	8	9	10
하나 (한)									
11	12	13	14	15	16	17	18	19	20

2 助数詞を使って適当な形に書き換えましょう。

①종이 종이 한 장
紙1枚

②커피 ＿＿＿＿＿
コーヒー1杯

③사람 ＿＿＿＿＿
人5名

④밥 ＿＿＿＿＿
ご飯3杯

⑤케익 ＿＿＿＿＿
ケーキ2切れ

⑥고양이 ＿＿＿＿＿
猫12匹

⑦맥주 ＿＿＿＿＿
ビール10瓶

⑧살 ＿＿＿＿＿
21歳

⑨자동차 ＿＿＿＿＿
自動車27台

⑩옷 ＿＿＿＿＿
服19着

⑪책 ＿＿＿＿＿
本37冊

⑫바나나 ＿＿＿＿＿
バナナ3つ

3 次の数字を使って質問に韓国語で答えましょう。

①동생은 몇 살이에요? → 스물 세 살이에요. (23)
きょうだいは何歳ですか？

②가족은 몇 명이에요? → ＿＿＿＿＿ (6)
家族は何人ですか?

③지금 몇 시예요? → ＿＿＿＿＿ (5)
今何時ですか?

④개는 몇 마리예요? → ＿＿＿＿＿ (31)
犬は何匹ですか?

⑤책은 몇 권이에요? → ＿＿＿＿＿ (22)
本は何冊ですか?

Lesson_07

時間&日付&曜日

時間　시간:時間　시:時　분:分　초:秒

韓国語で時刻を言うときは、「固有数詞（一つ、二つ、三つ）＋ 時」と「漢数詞（いち、に、さん）＋ 分」を組み合わせます。

1時	2時	3時	4時	5時	6時	7時	8時	9時	10時	11時	12時
한 시	두 시	세 시	네 시	다섯 시	여섯 시	일곱 시	여덟 시	아홉 시	열 시	열한 시	열두 시
1分	2分	3分	4分	5分	6分	7分	8分	9分	10分	11分	12分
일 분	이 분	삼 분	사 분	오 분	육 분	칠 분	팔 분	구 분	십 분	십일 분	십이 분

1 : 05	2 : 10	3 : 40	5 : 27	6 : 35	8 : 43	9 : 24	10 : 55
한 시 오 분	두 시 십 분	세 시 사십 분	다섯 시 이십칠 분	여섯 시 삼십오 분	여덟 시 사십삼 분	아홉 시 이십사 분	열 시 오십오 분

日付　월:月　일:日

1月	2月	3月	4月	5月	6月
1월 （일월）	2월 （이월）	3월 （삼월）	4월 （사월）	5월 （오월）	6월 （유월）
7月	8月	9月	10月	11月	12月
7월 （칠월）	8월 （팔월）	9월 （구월）	10월 （시월）	11월 （십일월）	12월 （십이월）

曜日　요일:曜日

月曜日	火曜日	水曜日	木曜日	金曜日	土曜日	日曜日
월요일	화요일	수요일	목요일	금요일	토요일	일요일

時間帯を表す単語

朝/朝食	昼/昼食	夕方/夕食	夜明け/明け方	午前	午後	夜
아침	점심	저녁	새벽	오전	오후	밤

PRACTICE

解答 ▶ 148ページ

1 時計を見て、質問に韓国語で答えましょう。 지금: 今

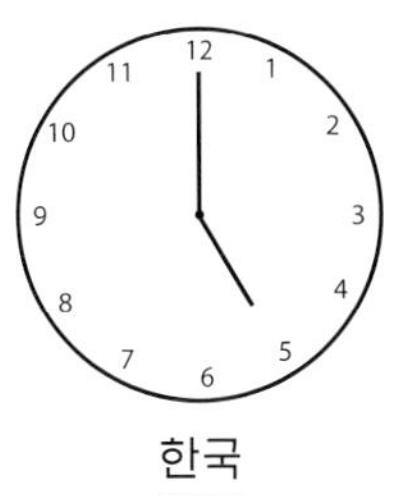
한국
韓国

중국
中国

일본
日本

미국
アメリカ

태국
タイ

①지금 한국은 몇 시 몇 분이에요? 다섯 시예요.
②지금 중국은 몇 시 몇 분이에요? ____________
③지금 일본은 몇 시 몇 분이에요? ____________
④지금 미국은 몇 시 몇 분이에요? ____________
⑤지금 태국은 몇 시 몇 분이에요? ____________

2 次の質問に韓国語で答えましょう。 오늘: 今日　무슨: 何の　며칠: 何日

① 2019 / 12月						
1	2	3	4	5	6	7
8	9	10	11	12	13	14
16	17	18	19	20	21	22
23	24	25	26	27	28	29
30						

② 2003 / 10月						
			1	2	3	4
5	6	7	8	9	10	11
12	13	14	15	16	17	18
19	20	21	22	23	24	25
26	27	28	29	30	31	

③ 2031 / 2月						
						1
2	3	4	5	6	7	8
9	10	11	12	13	14	15
16	17	18	19	20	21	22
23	24	25	26	27	28	

④ 1995 / 8月						
		1	2	3	4	5
6	7	8	9	10	11	12
13	14	15	16	17	18	19
20	21	22	23	24	25	26
27	28	29	30	31		

①오늘 무슨 요일이에요? 수요일이에요.
②오늘 며칠이에요? ____________
③오늘 무슨 요일이에요? ____________
④오늘 몇 년 몇 월 며칠이에요? ____________

3 次の時間を韓国語で書きましょう。

1:05	2:20	3:45	4:17	5:30	6:09	7:41	8:50
한 시 오 분							
9:12	10:10	11:00	12:03	8:14	7:28	1:18	4:46

Lesson_08

는/은, 예요/이에요

~は、~です

선생님　下の部分にある子音をパッチムという。
単語を活用する際、最後の文字のパッチムの有無がとても重要です!

~は　~는/은

パッチム なし ▸ **는をつける**

私	저	▸ 저는 지나예요.	私はジナです。
私達	저희	▸ 저희는 친구예요.	私達は友達です。

パッチム あり ▸ **은をつける**

ソウル	서울	▸ 서울은 어디예요?	ソウルはどこですか?
携帯電話	핸드폰	▸ 핸드폰은 얼마예요?	携帯はいくらですか?

~です　예요/이에요

パッチム なし ▸ **예요をつける**

ジナ	지나	▸ 저는 지나예요.	私はジナです。	지나예요?	ジナですか?
友達	친구	▸ 우리는 친구예요.	私達は友達です。	친구예요?	友達ですか?
カメラ	카메라	▸ 카메라예요.	カメラです。	카메라예요?	カメラですか?

パッチム あり ▸ **이에요をつける**

学生	학생	▸ 저는 학생이에요.	私は学生です。	학생이에요?	学生ですか?
夏	여름	▸ 여름이에요.	夏です。	여름이에요?	夏ですか?

会話では以下のように省略されることもある。

	尊敬語(존댓말)	タメ口(반말)
「私は」	저는→전	나는→난
「私たちは」	저희는→저흰	우리는→우린

PRACTICE

解答 ▶ 149ページ

1 는/은を付けて「〜は」の形に書き換えてみましょう。

*는/은は、前の単語の後に空白を入れずに続けて書きます。

①저 ＿저는＿ 私(わたくし)
②나 ＿＿＿ 私
③저희 ＿＿＿ 私(わたくし)たち
④우리 ＿＿＿ 私たち
⑤엄마 ＿＿＿ ママ、お母さん
⑥아빠 ＿＿＿ パパ、お父さん
⑦형 ＿＿＿ 兄(自分が男性の場合)
⑧누나 ＿＿＿ 姉(自分が男性の場合)
⑨언니 ＿＿＿ 姉(自分が女性の場合)
⑩오빠 ＿＿＿ 兄(自分が女性の場合)
⑪동생 ＿＿＿ 弟、妹
⑫선생님 ＿＿＿ 先生
⑬어머니 ＿＿＿ 母
⑭아버지 ＿＿＿ 父
⑮할머니 ＿＿＿ 祖母、おばあさん
⑯할아버지 ＿＿＿ 祖父、おじいさん
⑰친구 ＿＿＿ 友達
⑱가족 ＿＿＿ 家族

2 는/은を使って文章を完成させましょう。

①안녕하세요. 저 ＿는＿ 켄이에요.
こんにちは、私はケンです。

②오늘 ＿＿ 제 생일이에요.
今日は私の誕生日です。

③내일 ＿＿ 크리스마스예요.
明日はクリスマスです。

④우리 엄마 ＿＿ 요리사예요.
私のお母さんは料理人です。

⑤카메라 ＿＿ 얼마예요?.
カメラはいくらですか?

⑥제 이름 ＿＿ 민수예요.
私の名前はミンスです。

3 あなたの家族や友達の名前と職業を는/은や예요/이에요を使って書きましょう。

*예요/이에요も、는/은と同様に、前の単語に続けて空白を空けずに書きましょう。

① ＿＿＿＿＿＿＿＿＿＿
② ＿＿＿＿＿＿＿＿＿＿

Lesson_09

～요/이요

～です

5W1H/指示語

어디예요?	どこですか?
언제예요?	いつですか?
누구예요?	誰ですか?
무엇이에요?	何ですか?(会話のときは무엇 → 뭐と短縮できる)
무슨 ○○예요/이에요?	何の○○ですか?
왜요?	なぜですか?
어떻게요?	どうやってですか?

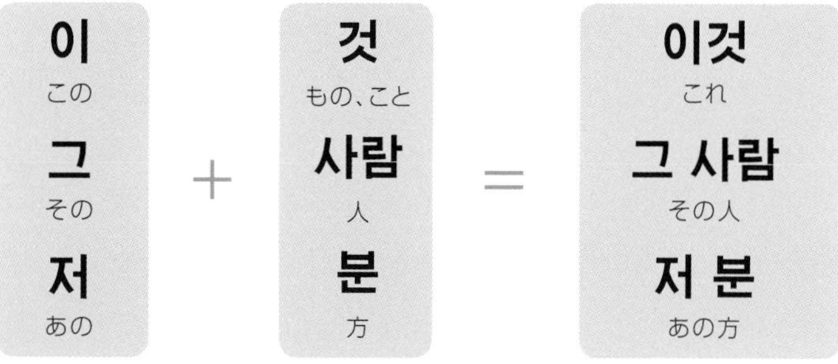

이것은(이건) 뭐예요?	これは何ですか?
그것은(그건) 책이에요.	それは本です。
저것은(저건) 비빔밥이에요.	あれはビビンバです。
이 사람은 누구예요?	この人は誰ですか?
그 사람은 저의(제) 친구예요.	その人は私の友達です。(会話のときは저의→제と短縮できる)

～です　～요 / 이요

[名詞 + 요 / 이요]で丁寧語「～です。/ ～ですか？」として使用できる。

パッチム なし ▶ **요をつける**

언제요?	いつですか?
저요?	私ですか?
컴퓨터요.	パソコンです。

パッチム あり ▶ **이요をつける**

월요일이요.	月曜日です。
선생님이요.	先生です。
라면이요.	ラーメンです。

PRACTICE

解答 ▶ 149ページ

1 예요/이에요.(~です。)の形に書き換えましょう。

①라디오 라디오예요.
ラジオ

②컴퓨터 ____
パソコン

③청바지 ____
ジーンズ

④에어컨 ____
エアコン

⑤카메라 ____
カメラ

⑥자켓 ____
ジャケット

⑦인터넷 ____
インターネット

⑧선글라스 ____
サングラス

⑨원피스 ____
ワンピース

2 次の語句を使って文章(Q&A)を作りましょう。 네: はい

①월요일/은/이에요/오늘
Q: 오늘은 월요일이에요?
今日は月曜日ですか?
A: 네, 오늘은 월요일이에요.
はい、今日は月曜日です。

②은/내일/이에요/화요일
Q: ____
明日は火曜日ですか?
A: ____
はい、明日は火曜日です。

③학생/는/이에요/지나
Q: ____
ジナは学生ですか?
A: ____
はい、ジナは学生です。

④이에요/은/자켓/이것
Q: ____
これはジャケットですか?
A: ____
はい、これはジャケットです。

⑤예요/은/저것/청바지
Q: ____
あれはジーンズですか?
A: ____
はい、あれはジーンズです。

3 だれ、どこ、いつ、どんなを使って文章を完成させましょう。

①콘서트는 ____예요?
コンサートはいつですか?

②____ 책이에요?
何の本ですか?

③집은 ____예요?
家はどこですか?

④저 여자는 ____예요?
あの女性は誰ですか?

⑤이 사람은 ____예요?
この人は誰ですか?

⑥화장실은 ____예요?
化粧室(トイレ)はどこですか?

4 요/이요. (~です。)の形に書き換えましょう。

①봄 봄이요.
春

②여름 ____
夏

③가을 ____
秋

④겨울 ____
冬

⑤저 ____
私(わたくし)

⑥15살 ____
15歳

⑦두 명 ____
二人

⑧한 시 ____
1時

Lesson_10

요/어요/해요

～ます

パッチム なし ▶ **다→요**

行く	가다 → 가요	▶ 어디에 가요?	どこに行きますか?
寝る	자다 → 자요	▶ 언제 자요?	いつ寝ますか?

パッチム あり ▶ **다→어요**

食べる	먹다 → 먹어요	▶ 뭐를 먹어요?	何を食べますか?
ある	있다 → 있어요	▶ 시간이 있어요?	時間がありますか?

例外 ▶ **다の前の母音がㅏ、ㅗのときは아요**

暮らす	살다 → 살아요	▶ 어디에서 살아요?	どこで暮らしますか?
探す	찾다 → 찾아요	▶ 뭐를 찾아요?	何を探しますか?

하다

勉強する	공부하다 → 공부해요	▶ 저는 한국어를 공부해요.	私は韓国語を勉強します。
好きだ	좋아하다 → 좋아해요	▶ 뭐를 좋아해요?	何が好きですか?
運動する	운동하다 → 운동해요	▶ 어디에서 운동해요?	どこで運動しますか?

不規則

오다 → 와요	아프다 → 아파요	뛰다 → 뛰어요	다르다 → 달라요	덥다 → 더워요
来る	痛い	走る	違う/異なる	暑い
보다 → 봐요	바쁘다 → 바빠요	쉬다 → 쉬어요	빠르다 → 빨라요	맵다 → 매워요
見る	忙しい	休む	早い	辛い
마시다 → 마셔요	나쁘다 → 나빠요	바꾸다 → 바꿔요	자르다 → 잘라요	쉽다 → 쉬워요
飲む	悪い	変える	切る	易しい
때리다 → 때려요	크다 → 커요	춤추다 → 춤춰요	듣다 → 들어요	고맙다 → 고마워요
叩く	大きい	踊る	聞く	有り難い
기다리다→기다려요	예쁘다 → 예뻐요	주다 → 줘요	걷다 → 걸어요	춥다 → 추워요
待つ	きれい	あげる	歩く	寒い

PRACTICE

解答 ▶ 150ページ

1 요/어요/해요.(～ます。)の形に書き換えましょう。

①읽다 읽어요.
読む

②먹다 ＿＿＿＿
食べる

③바쁘다 ＿＿＿＿
忙しい

④춥다 ＿＿＿＿
寒い

⑤마시다 ＿＿＿＿
飲む

⑥있다 ＿＿＿＿
ある

⑦없다 ＿＿＿＿
ない

⑧만나다 ＿＿＿＿
会う

⑨사다 ＿＿＿＿
買う

⑩아프다 ＿＿＿＿
痛い

⑪맵다 ＿＿＿＿
辛い

⑫살다 ＿＿＿＿
住む、暮らす

⑬보다 ＿＿＿＿
見る

⑭일어나다 ＿＿＿＿
起きる

⑮따뜻하다 ＿＿＿＿
暖かい

2 次の語群から適当なものを選び요/어요/해요を使って文章を完成させましょう。

먹다 / 읽다 / 마시다 / 자다 / 일어나다 / 공부하다

①선생님은 피자를 먹어요.
先生はピザを 食べます。

②제 친구는 한국어를 ＿＿＿＿
私の友達は韓国語を 勉強します。

③우리는 물을 ＿＿＿＿
私たちは水を 飲みます。

④아빠는 10시에 ＿＿＿＿
お父さんは10時に 寝ます。

⑤엄마는 8시에 ＿＿＿＿
お母さんは8時に 起きます。

⑥저는 책을 ＿＿＿＿
私は本を 読みます。

3 次の語句を並べ替えて文章を作りましょう。

①학교에서/공부해요/한국어를/저는 저는 학교에서 한국어를 공부해요.
私は学校で韓国語を勉強します。

②도서관에/저/는/가요 ＿＿＿＿
私は図書館に行きます。

③영국에서/살아요/저는 ＿＿＿＿
私はイギリスに住んでいます。

④에서/어디/살아요 ＿＿＿＿
どこに住んでいますか?

⑤책을/읽어요/무슨 ＿＿＿＿
何の本を読みますか?

Lesson_11

를/을, 가/이

～を、～が

～を　～를 / 을

*会話では 을/를 を省略することが多い。
*이것을, 그것을, 저것을 →이걸, 그걸, 저걸と省略できる。

パッチム なし ▶ 를

コーヒー	커피	▸	토시야는 커피를 마셔요.	トシヤはコーヒーを飲みます。
勉強	공부	▸	저는 공부를 해요.	私は勉強をします。

パッチム あり ▶ 을

手	손	▸	나오키는 손을 씻어요.	ナオキは手を洗います。
朝ご飯	아침밥	▸	저희는 아침밥을 먹어요.	私たちは朝ご飯を食べます。

例外 ▶ 를/을を使う動詞

好きだ 嫌いだ	좋아하다 싫어하다	▸	동물을 좋아해요.	動物が好きです。
		▸	공부를 싫어해요.	勉強が嫌いです。
会う	만나다	▸	선생님을 만나요.	先生に会います。
		▸	아빠를 만나요.	お父さんに会います。
乗る	타다	▸	지하철을 타요.	地下鉄に乗ります。
		▸	버스를 타요.	バスに乗ります。

～が　～가 / 이

*会話では 이것이, 그것이, 저것이→이게, 그게, 저게と省略できる。

パッチム なし ▶ 가

誰	누구	▸	누가 와요?	誰が来ますか? *「誰が」と言うときは누가となる。
友達	친구	▸	제 친구가 와요.	私の友達が来ます。

パッチム あり ▶ 이

パン	빵	▸	빵이 맛있어요.	パンが美味しいです。
携帯電話	핸드폰	▸	핸드폰이 비싸요.	携帯電話が高いです。

PRACTICE

解答 ▶ 150ページ

1 를/을と요/어요/해요を使って文章を作りましょう。

①티비 テレビ, 보다 見る　　티비를 봐요.
②책 本, 읽다 読む
③운동 運動, 하다 する
④김치 キムチ, 먹다 食べる
⑤콜라 コーラ, 마시다 飲む

2 를/을と요/어요/해요を使って疑問文を作りましょう。

①언제 いつ, 아침밥 朝ご飯, 먹다 食べる　　언제 아침밥을 먹어요?
②누구 誰, 만나다 会う
③무슨 何の, 공부 勉強, 하다 する
④뭐 何, 좋아하다 好きだ
⑤왜 なぜ, 술 酒, 마시다 飲む

3 가/이と요/어요/해요を使って文章を作りましょう。

①날씨 天気, 좋다 良い　　날씨가 좋아요.
②기분 気分, 나쁘다 悪い
③키 背, 크다 大きい(=背が高い)
④선생님 先生, 가르치다 教える
⑤오빠 お兄さん, 운전하다 運転する

4 는/은、가/이(または를/을)、요/어요/해요を使って文章を作りましょう。

①저 私, 한국어 韓国語, 공부하다 勉強する　　저는 한국어를 공부해요.
②선생님 先生, 노트북 ノート, 사용하다 使用する
③저 私, 여자친구 彼女, 필요하다 要る
④제 私の, 친구 友達, 월요일 月曜日, 싫어하다 嫌いだ

⑤유카리 씨 ユカリさん, 운동 運動, 좋아하다 好きだ

Lesson_12

입니다/ㅂ니다/습니다

～です、～ます（丁寧語）

*疑問形にするときは、입니다 / ㅂ니다 / 습니다の最後の다を까?にする。

名詞 ▶ 입니다（疑問形 입니까?）

デザイナー	디자이너	▶ 디자이너입니다.	デザイナーです。
アメリカ	미국	▶ 미국 사람입니까?	アメリカ人ですか?
イギリス	영국	▶ 영국 사람입니다.	イギリス人です。

パッチム なし ▶ ㅂ니다（疑問形 ㅂ니까?）

行く	가다	▶ 학교에 갑니다.	学校に行きます。
痛い	아프다	▶ 아픕니까?	痛いですか?
優しい	착하다	▶ 착합니까?	優しいですか?

パッチム あり ▶ 습니다（疑問形 습니까?）

易しい	쉽다	▶ 영어는 쉽습니까?	英語は簡単（易しい）ですか?
難しい	어렵다	▶ 어렵습니다.	難しいです。
合っている	맞다	▶ 맞습니까?	合ってますか?
良い	좋다	▶ 좋습니다.	良いです。

例外 ▶ 다の前のパッチムがㄹのときは、ㄹを取ってㅂ니다（ㅂ니까?）

例）살다 → 살 + ㅂ니다 = 삽니다

住む、暮らす	살다	▶ 서울에서 삽니까?	ソウルに住んでいますか?
遊ぶ	놀다	▶ 친구랑 놉니다.	友達と遊びます。
長い	길다	▶ 줄이 깁니까?	列が長いですか?

하다 ▶ ㅂ니다（疑問形 ㅂ니까?）

正確だ	정확하다	▶ 이건 정확합니다.	これは正確です。
明らかだ	분명하다	▶ 분명합니까?	明らかですか?（確かですか?）
誓う	맹세하다	▶ 맹세합니다.	誓います。

PRACTICE

解答 ▶ 150ページ

1 입니까? (〜ですか)と입니다.(〜です)の形に書き換えましょう。

①가수 가수입니까?
歌手 가수입니다.

②경찰 ______
警察 ______

③엔지니어 ______
エンジニア ______

④군인 ______
軍人 ______

⑤비서 ______
秘書 ______

⑥회사원 ______
会社員 ______

2 ㅂ니까?/습니까?とㅂ니다/습니다の形に書き換えましょう。

①마시다 마십니까?
飲む 마십니다.

②가다 ______
行く ______

③있다 ______
ある ______

④먹다 ______
食べる ______

⑤후회하다 ______
後悔する ______

⑥약속하다 ______
約束する ______

3 ㅂ니까?/습니까?とㅂ니다/습니다の形に書き換えましょう。

①예쁘다 예쁩니까?
きれいだ 예쁩니다.

②짜다 ______
塩辛い ______

③맵다 ______
辛い ______

④맞다 ______
合う ______

⑤피곤하다 ______
疲れた ______

⑥행복하다 ______
幸せだ ______

4 次の語群を使って疑問文を作りましょう。

①언제 いつ, 오다 来る 언제 옵니까? (いつ来ますか?)

②어디에 どこへ, 가다 行く ______ (どこへ行きますか?)

③누구 誰, 믿다 信じる ______ (誰を信じますか?)

④뭐 (무엇) 何, 하다 する ______ (何をしますか?)

⑤어떻게 どうやって, 만들다 作る ______ (どうやって作りますか?)

⑥왜 なぜ, 포기하다 放棄する ______ (なぜ放棄します(諦めます)か?)

Lesson_13

안, 못, 잘

～ではない/～できない/よく、上手く

ではない　～가 / 이 아니에요

友達	친구	▸	우리는 친구가 아니에요.	私たちは友達ではありません。
学生	학생	▸	학생이 아니에요.	学生ではありません。
先生	선생님	▸	저는 선생님이 아니에요.	私は先生ではありません。

ない　안, ～지 않아요

*会話では안の方がよく使われる。
*～하다の形の単語は、動詞であれば 하다の前、形容詞であれば単語の前に안をつける。

勉強する	공부하다	▸	공부 안 해요.	=공부하지 않아요.	勉強しません。
賢い	똑똑하다	▸	안 똑똑해요.	=똑똑하지 않아요.	賢くありません。
(値段が)高い	비싸다	▸	안 비싸요.	=비싸지 않아요.	高くありません。
飲む	마시다	▸	주스를 안 마셔요.	=주스를 마시지 않아요.	ジュースを飲みません。

できない　못

*～하다の形の動詞は、하다の前に못をつける。

行く	가다	▸	못 가요.	行けません。
食べる	먹다	▸	못 먹어요.	食べられません。
料理する	요리하다	▸	요리(를) 못 해요.	料理(が)できません。
働く	일하다	▸	일(을) 못 해요.	働けません。

よく～、上手に　잘

*～하다の形の動詞は、하다の前に잘をつける。

作る	만들다	▸	잘 만들어요.	上手に作ります。
寝る	자다	▸	잘 자요.	良く寝てください(=おやすみなさい)。
話す	말하다	▸	말(을) 잘해요.	話が上手です。
する	하다	▸	잘해요.	上手くします(=上手です)。
うまくできない	잘 못하다	▸	저는 운전을 잘 못해요.	私は運転がうまくありません。

PRACTICE

解答▶151ページ

1 안(~しません)を使った形に書き換えましょう。

①먹다 안 먹어요. ②가다 ③하다
食べる 行く する

④일하다 ⑤운동하다 ⑥멀다
働く 運動する 遠い

⑦친절하다 ⑧중요하다 ⑨이상하다
親切だ 重要だ 変だ

2 못(~できません)を使った形に書き換えましょう。

①먹다 ②가다 ③운동하다
食べる 行く 運動する

3 잘(うまく~)を使った形に書き換えましょう。

①먹다 ②가다 ③운동하다
食べる 行く 運動する

*잘 가요:上手に行ってください
=気を付けて、さようなら

4 가/이 아니에요, 안, 못を使って文章を完成させましょう。 아니요: いいえ

①미국 사람(アメリカ人)이에요? 아니요, 저는 미국 사람이 아니에요.
②부산(釜山)은 멀어요? 아니요.
③이 영화(映画)를 봤어요? 아니요.
④요리(料理)를 잘해요? 아니요. 저는
⑤한국인(韓国人)이에요? 아니요. 저는

5 次の日本語を韓国語にしてみましょう。

①私は図書館に(도서관에)行きません。 저는 도서관에 안 가요.
②私は中国人(중국 사람)ではありません。
③私は韓国語が(한국말을)上手です。
④私は英語が(영어를)できません。
⑤私の彼女はピザ(피자)を食べません。
⑥私は疲れて(피곤하다)いません。

Lesson_14

랑/이랑, 하고, 그리고

~と、そして、~で

~と　랑/이랑, 하고

*랑/이랑 と 하고に違いはない。

パッチム なし ▸ 랑

피자랑 스파게티랑 물을 주세요.	▸	ピザとスパゲティーと水をください。
도너츠랑 커피랑 티슈를 주세요.	▸	ドーナツとコーヒーとティッシュをください。

パッチム あり ▸ 이랑

가방이랑 핸드폰이랑 컴퓨터를 주세요.	▸	鞄と携帯電話とパソコンをください。
공책이랑 펜이랑 지우개를 주세요.	▸	ノートとペンと消しゴムをください。

パッチムなし&あり ▸ 하고

피자하고 스파게티하고 물을 주세요.	▸	ピザとスパゲティーと水をください。
가방하고 핸드폰하고 컴퓨터를 주세요.	▸	鞄と携帯電話とパソコンをください。
숟가락하고 포크하고 젓가락을 주세요.	▸	スプーンとフォークと箸をください。

そして/それから/~で~　그리고 / 고

文章同士をつなぐ ▸ 그리고

저는 한국에서 살아요. 그리고 제 친구는 영국에서 살아요.	▸	私は韓国に住んでいます。そして私の友達はイギリスに住んでいます。
제 남동생은 1시에 자요. 그리고 제 여동생은 2시에 자요.	▸	私の弟は1時に寝ます。そして私の妹は2時に寝ます。

動詞・形容詞をつなぐ ▸ 다を取って고

優しい	착하다	▸	제 여자친구는 착하고 똑똑해요.	私の彼女は優しくて賢いです。
乗る	타다	▸	버스를 타고 왔어요.	バスに乗って来ました。

名詞をつなぐ ▸ パッチムがなければ고、あれば이고

저는 남자고, 선생님이에요.	▸	私は男で、先生です。
제 이름은 케빈이고, 미국 사람이에요.	▸	私の名前はケビンで、アメリカ人です。

PRACTICE

解答 ▶ 151ページ

1 랑/이랑 と먹어요を使って「私は～と～を食べます。」の文章を作りましょう。

①김치(キムチ), 햄버거(ハンバーガー) 저는 김치랑 햄버거를 먹어요.
②고기(肉), 밥(ご飯) , 야채(野菜)
③피자(ピザ), 스파게티(スパゲティー)
④치킨(チキン), 불고기(焼き肉)
⑤빵(パン), 우유(牛乳) , 계란(卵)
⑥시리얼(シリアル), 사과(リンゴ), 포도 (ブドウ)

2 하고と좋아해요を使って「私は～と～が好きです。」の文章を作りましょう。

①축구(サッカー), 야구(野球)
②일본(日本), 프랑스(フランス)
③런던(ロンドン), 뉴욕(ニューヨーク)

3 그리고 を使って文章を作りましょう。

①私は本を読み(읽다)ます。そしてお母さん(엄마)はテレビ(티비)を見ます(보다)。
저는 책을 읽어요. 그리고 엄마는 티비를 봐요.

②私は水を飲みます。そしてお父さん(아빠)はパンを食べます。

③私は勉強をします。そして弟/妹は料理をします。

4 고 を使って文章を作りましょう。

①ラーメンは安くて(싸다)おいしい(맛있다)です。
라면은 싸고 맛있어요.

②私(女性)はチョコ牛乳(초코우유)を飲んで、兄は水を飲みます。

③私の弟/妹は高校へ(고등학교에)通って(다니다)、私は大学へ(대학교에)通います。

④あの人は留学生(유학생)で、日本語が上手です。

Lesson_15

고 있다

~している

＊고(～して)있다(いる)　+　어요　=　고 있어요

パッチムなし&あり&하다 ▶ **고 있어요**

行く　가다 → 가고 있어요	▶ 어디에 가고 있어요?	どこに行っていますか?
	▶ 제 동생이랑 집에 가고 있어요.	私の妹(弟)と家に行って(帰って)います。
寝る　자다 →자고 있어요	▶ 고양이는 지금 자고 있어요?	猫は今寝ていますか?
	▶ 자고 있어요.	寝ています。
見る　보다 →보고 있어요	▶ 뭐를 보고 있어요?	何を見ていますか?
	▶ 저는 제 친구랑 영화를 보고 있어요.	私は友達と映画を見ています。

聞く　듣다 →듣고 있어요	▶ 뭐를 듣고 있어요?	何を聞いていますか?
	▶ 저는 엄마하고 음악을 듣고 있어요.	私はお母さんと音楽を聞いています。
住む　살다 →살고 있어요	▶ 어디에서 살고 있어요?	どこに住んでいますか?
	▶ 제 친구는 한국에서 부모님이랑 살고 있어요.	私の友達は韓国で両親と住んで(暮らして)います。
笑う　웃다 →웃고 있어요	▶ 웃고 있어요?	笑っていますか?
	▶ 우리는 웃고 있어요.	私たちは笑っています。

勉強する 공부하다 → 공부하고 있어요	▶ 무슨 공부를 하고 있어요?	何の勉強をしていますか?
	▶ 저는 한국어를 공부하고 있어요.	私は韓国語を勉強しています。
運動する 운동하다 → 운동하고 있어요	▶ 어디에서 운동하고 있어요?	どこで運動していますか?
	▶ 저는 헬스장에서 운동하고 있어요.	私はジムで運動しています。

PRACTICE

解答 ▶ 152ページ

1 고 있어요の形に書き換えましょう。

①찾다 찾고 있어요. 探す	②듣다 ＿＿＿＿ 聞く	③기다리다 ＿＿＿＿ 待つ
④일하다 ＿＿＿＿ 働く	⑤마시다 ＿＿＿＿ 飲む	⑥샤워하다 ＿＿＿＿ シャワーする
⑦씻다 ＿＿＿＿ 洗う	⑧고치다 ＿＿＿＿ 直す	⑨쇼핑하다 ＿＿＿＿ ショッピングする

2 次の語群から適当なものを選び、고 있어요を使って文章を完成させましょう。

마시다 / 공부하다 / 고치다 / 살다 / 읽다 / 씻다 / 보다 / 쇼핑하다 / 기다리다 / 듣다

①저는 여자친구를 私は彼女を	기다리고 있어요. 待っています。
②엄마는 커피를 お母さんはコーヒーを	＿＿＿＿ 飲んでいます。
③아빠는 자전거를 お父さんは自転車を	＿＿＿＿ 直しています。
④저는 음악을 私は音楽を	＿＿＿＿ 聞いています。
⑤동생은 손을 弟(妹)は手を	＿＿＿＿ 洗っています。
⑥저는 책을 私は本を	＿＿＿＿ 読んでいます。
⑦저는 서울에서 私はソウルに	＿＿＿＿ 住んでいます。
⑧누나는 백화점에서 お姉さんは百貨店で	＿＿＿＿ ショッピングをしています。
⑨오빠는 영어를 お兄さんは英語を	＿＿＿＿ 勉強しています。
⑩저는 여자친구랑 영화를 私は彼女と映画を	＿＿＿＿ 見ています。

Lesson_16

는 중이다

～中だ、～しているところだ

＊～는 중(中) + 이에요(です) = 는 중이에요

名詞 ▸ **중이에요**

勉強 공부	▸	저는 공부 중이에요.	私は勉強中です。
授業 수업	▸	저는 수업 중이에요.	私は授業中です。

パッチムなし&あり&하다 ▸ **는 중이에요**

飲む 마시다	▸	저는 동생이랑 차를 마시는 중이에요.	私は弟(妹)とお茶を飲んでいるところです。
使う 쓰다	▸	제가 지금 쓰는 중이에요.	私が今使っているところです。
見る 보다	▸	저는 제 친구랑 영화를 보는 중이에요.	私は友達と映画を見ているところです。
聞く 듣다	▸	저는 엄마하고 음악을 듣는 중이에요.	私はお母さんと音楽を聞いているところです。
洗う 씻다	▸	언니는 지금 손을 씻는 중이에요.	お姉さんは今手を洗っているところです。

する 하다	▸	지금 뭐 하는 중이에요?	今何(を)しているところですか?
宿題する 숙제하다	▸	지금 숙제하는 중이에요.	今宿題(を)しているところです。

例外 ▸ **다の前のパッチムがㄹのときは、ㄹを取って는 중이에요**

作る 만들다	▸	우리는 케익을 만드는 중이에요.	私達はケーキを作っているところです。
遊ぶ 놀다	▸	우리는 노는 중이에요.	私達は遊んでいるところです。

PRACTICE

解答 ▶ 152ページ

1 는 중이에요の形に書き換えましょう。

①쓰다 쓰는 중이에요.
使う、書く

②일하다 ＿＿＿＿
働く

③충전하다 ＿＿＿＿
充電する

④하다 ＿＿＿＿
する

⑤고치다 ＿＿＿＿
直す

⑥샤워하다 ＿＿＿＿
シャワーする

⑦씻다 ＿＿＿＿
洗う

⑧기다리다 ＿＿＿＿
待つ

⑨요리하다 ＿＿＿＿
料理する

2 次の語群から適当なものを選び중이에요/는 중이에요を使って文章を完成させましょう。

하다 / 일하다 / 공부 / 가다 / 읽다 / 운동 / 보다 / 노래를 부르다(歌を歌う) **/ 듣다 / 요리하다**

①지금 뭐 하는 중이에요？
今何をしているところですか?

②저는 지금 회사에서 ＿＿＿＿
私は今会社で働いているところです。

③엄마는 집에서 ＿＿＿＿
お母さんは家で料理しているところです。

④저는 음악을 ＿＿＿＿
私は音楽を聞いているところです。

⑤동생은 책을 ＿＿＿＿
弟(妹)は本を読んでいるところです。

⑥언니는 도서관에서 ＿＿＿＿
お姉さんは図書館で勉強中です。

⑦저는 서울에 ＿＿＿＿
私はソウルに行っているところです。

⑧누나는 노래방(カラオケ)에서 ＿＿＿＿
お姉さんはカラオケで歌を歌っているところです。

⑨오빠는 헬스장에서 ＿＿＿＿
お兄さんはジムで運動中です。

⑩저는 여자친구랑 영화를 ＿＿＿＿
私は彼女と映画を見ているところです。

Lesson_17

았다/었다/했다

～した

＊現在形と同じ基準で作る事ができる。(→p.28)
例) 마시다 → 마셔요(現在) → 마셨어요 (過去)

パッチム なし ▶ 았어요

寝る	자다	▶ 저는 12시에 잤어요.	私は12時に寝ました。
買う	사다	▶ 저는 가방을 샀어요.	私は鞄を買いました。

パッチム あり ▶ 었어요

美味しい	맛있다	▶ 그 피자는 맛있었어요.	そのピザは美味しかったです。
面白い	재미있다	▶ 그 게임은 재미있었어요.	そのゲームは面白かったです。

例外 ▶ 다の前の母音がㅏ、ㅗのときは았어요

住む	살다	▶ 선생님은 호주에서 살았어요.	先生はオーストラリアで暮らしました。
貰う	받다	▶ 리사는 선물을 받았어요.	リサはプレゼントを貰いました。

不規則

飲む	마시다	▶ 저는 물을 마셨어요.	私は水を飲みました。
見る	보다	▶ 히데는 영화를 봤어요.	ヒデは映画を見ました。

하다 ▶ 했어요

勉強する	공부하다	▶ 토모코는 한국어를 공부했어요.	トモコは韓国語を勉強しました。
働く	일하다	▶ 저는 어제 일했어요.	私は昨日働きました。

名詞 ▶ 였어요 / 이었어요

一人	혼자	▶ 저는 혼자였어요.	私は一人でした。
清掃員	청소부	▶ 저는 청소부였어요.	私は清掃員でした。
先生	선생님	▶ 저희 엄마는 선생님이었어요.	私たちのお母さんは先生でした。
軍人	군인	▶ 저는 군인이었어요.	私は軍人でした。

PRACTICE

解答 ▶ 153ページ

1 았어요/었(았)어요/했어요 を使って過去形に書き換えましょう。

①입다 입었어요. 着る
②덥다 ______ 暑い
③오다 ______ 来る
④놀다 ______ 遊ぶ
⑤보다 ______ 見る
⑥먹다 ______ 食べる
⑦맛있다 ______ 美味しい
⑧끝나다 ______ 終わる
⑨마시다 ______ 飲む
⑩공부하다 ______ 勉強する
⑪샤워하다 ______ シャワーする
⑫일어나다 ______ 起きる

2 次の語群から適当なものを選び았어요/었(았)어요/했어요を使って文章を完成させましょう。

오다 / 덥다 / 보다 / 읽다 / 맛있다 / 받다 / 마시다 / 공부하다

①저는 미국에서 왔어요. 私はアメリカから来ました。
②날씨가 너무 ______ 天気がとても暑かったです。
③생일 선물을 ______ 誕生日プレゼントをもらいました。
④책을 ______ 本を読みました。
⑤집에서 TV를 ______ 家でテレビを見ました。
⑥비빔밥이 ______ ビビンバがおいしかったです。
⑦오렌지 주스를 ______ オレンジジュースを飲みました。
⑧저는 호주에서 일본어를 ______ 私はオーストラリアで日本語を勉強しました。

3 次の語群と았어요/었어요/했어요を使って文章を完成させましょう。

일어나다, 마시다 / 샤워하다, 입다 / 먹다, 맛있다 /가다, 공부하다

①저는 오늘 아침 7시에 일어났어요. 그리고 커피를 ______
私は今日(오늘)朝(아침)7時に起きました。 そしてコーヒーを 飲みました。

②저는 9시에 학교에 가요. 그래서 8시에 ______ 그리고 옷을 ______
私は9時に学校へ行きます。 なので(그래서)8時にシャワーを浴びました。 そして服(옷)を 着ました。

③저는 8시 30分에 아침밥을 ______ 진짜 ______
私は8時30分に朝ご飯(아침밥)を食べました。 とてもおいしかったです。

④그러고 나서 학교에 ______ 학교에서 한국어를 ______
それから(그러고 나서)学校へ 行きました。 学校では韓国語を勉強しました。

Lesson_18

그래서, 서/어서/해서

それで、〜なので

*現在形と同じ基準で作る事ができる。（→p.28）
*過去形+서 / 어서 / 해서 の形では使えないので注意。(× 비쌌어서 안 샀어요.)

文章をつなぐ ▶ 그래서

옷이 쌌어요. 그래서 샀어요.	▶	服が安かったです。なので買いました。
영화가 재미있었어요. 그래서 또 봤어요.	▶	映画が面白かったです。なのでまた見ました。

パッチム なし ▶ 서

高い	비싸다	▶	비싸서 안 샀어요.	高いので買いませんでした。
忙しい	바쁘다 *不規則変化	▶	바빠서 콘서트에 못 가요.	忙しいのでコンサートに行けません。

パッチム あり ▶ 어서 / 다の前の母音がㅏ、ㅗのときは아서

面白い	재미있다	▶	영화가 재미있어서 또 봤어요.	映画が面白かったのでまた見ました。
多い	많다	▶	친구가 많아서 안 외로워요.	友たちが多いので寂しくないです。

하다 ▶ 해서

嫌いだ	싫어하다	▶	저는 피자를 싫어해서 안 먹어요.	私はピザが嫌いなので食べません。
好きだ	좋아하다	▶	저는 책을 좋아해서 도서관에 자주 가요.	私は本が好きなので図書館へよく行きます。

名詞をつなぐ ▶ 라서 / 이라서

柔道選手	유도 선수	▶	유도 선수라서 힘이 세요.	柔道選手なので力が強いです。
日曜日	일요일	▶	일요일이라서 사람들이 많아요.	日曜日なので人々が多いです。

PRACTICE

解答 ▶ 153ページ

1 서/어서/해서を使った形に書き換えましょう。

①좋다 좋아서
良い

②사다 ______
買う

③늦다 ______
遅い

④작다 ______
小さい

⑤없다 ______
ない

⑥오다 ______
(帰って)来る

⑦끝나다 ______
終わる

⑧아프다 ______
痛い

⑨배고프다 ______
お腹が空く

⑩우울하다 ______
憂鬱だ

⑪죄송하다 ______
申し訳ない

⑫심심하다 ______
退屈だ

2 次の語句を그래서を使って繋げた2つの文章(過去形)にしましょう。

①옷, 이/가, 싸다, 사다
옷이 쌌어요. 그래서 샀어요. 服が安かったです。なので買いました。

②재미없다(面白くない), 그냥(ただ), 오다 ______

③배고프다, 힘(力、元気), 이/가, 없다 ______

④심심하다, 전화하다(電話する) ______

⑤비가 오다(雨が降る), 우울하다 ______

⑥날씨, 이/가, 좋다, 기분(気分), 이/가, 좋다 ______

3 次の語群と서/어서/해서を使って文章(過去形)を完成させましょう。

①목소리(声), 을/를, 듣다(聞く), 고 싶다(～したい), 전화하다(電話する)
목소리를 듣고 싶어서 전화했어요. 声が聞きたくて電話しました。

②시간, 이/가, 없다, 못, 가다 ______

③피곤하다(疲れた), 안, 가다 ______

④안경(メガネ), 이/가, 필요하다(必要とする), 사다 ______

⑤학교, 이/가, 끝나다(終わる), 도서관, 에, 가다 ______

⑥돈(お金), 이/가, 없다, 못, 사다 ______

Lesson_19

그런데, 는데

ですが、～なのに①

*그러나や하지만も同じように使うことができる。
*話し言葉では그런데→근데と省略されることが多い。

文章をつなぐ ▸ **그런데**

한국 음식은 매워요. 그런데(=하지만) 맛있어요.	▸	韓国の食べ物は辛いです。ですが美味しいです。
저는 드라마를 안 좋아해요. 그런데 우리 엄마는 드라마를 좋아해요.	▸	私はドラマが好きではありません。ですが私のお母さんはドラマが好きです。

パッチムなし&あり&하다 ▸ **는데**

見る	보다	▸	영화는 보는데 드라마는 안 봐요.	映画は見ますがドラマは見ません。
着る	입다	▸	바지는 입는데 치마는 안 입어요.	ズボンは着(履き)ますが、スカートは着(履き)ません。
働く	일하다	▸	금요일은 일하는데 토요일은 안 해요.	金曜日は働きますが、土曜日は働きません。

例外 ▸ **다の前のパッチムがㄹのときは、ㄹを取って는데**

住む	살다	▸	저는 한국에서 사는데 부모님은 미국에서 살아요.	私は韓国に住んでいますが、両親はアメリカに住んでいます。

～지만 ▸ **지만**

*～는데は会話、～지만は書き言葉でよく使われる。

好き	좋아하다	▸	영화는 좋아하지만 드라마는 싫어해요.	映画は好きですがドラマは嫌いです。
着る	입다	▸	바지는 입지만 치마는 안 입어요.	ズボンは着(履き)ますがスカートは着(履き)ません。

PRACTICE

解答 ▶ 153ページ

1 는데を使った形に書き換えましょう。

①없다 없는데 ②보다 ______ ③알다 ______
ない 見る 分かる
④입다 ______ ⑤하다 ______ ⑥살다 ______
着る する 住む
⑦마시다 ______ ⑧타다 ______ ⑨만들다 ______
飲む 乗る 作る
⑩일하다 ______ ⑪모르다 ______ ⑫사랑하다 ______
働く 知らない 愛する

2 次の語句と그런데を使って文章(現在形)を作りましょう。

①이, 바지(ズボン), 은/는, 편하다(楽だ), 디자인(デザイン), 이/가, 별로(微妙だ)
이 바지는 편해요. 그런데 디자인이 별로예요. このズボンは楽です。ですがデザインは微妙です。

②돈, 은/는, 많다, 시간, 이/가, 없다

③영어(英語), 은/는, 하다, 중국어(中国語), 은/는 못 하다

④날씨(天気), 은/는, 좋다, 우울하다

⑤이, 사람, 은/는, 알다, 저, 사람, 은/는 모르다

3 次の語句と는데を使って文章(現在形)を作りましょう。

①영국에(イギリスに), 살다, 영어, 은/는, 못, 하다
제 친구는 영국에 사는데 영어를 못 해요. 私の友達はイギリスに住んでいますが英語ができません。

②이, 사람, 은/는, 알다, 저, 사람, 은/는 모르다

③자전거(自転車), 은/는, 못, 타다, 운전(運転), 은/는, 하다

④핸드폰, 은/는, 있다, 차(車), 이/가, 없다

⑤술(お酒), 은/는, 마시다, 안, 좋아하다

Lesson_20

ㄴ데/은데

ですが、～なのに②(形容詞)

パッチム なし ▶ ㄴ데

きれいだ	예쁘다	▶	제 여자친구는 예쁜데 조금 이상해요.	私の彼女はきれいですが少し変わっています。
高い	비싸다	▶	조금 비싼데 사고 싶어요.	少し高いですが買いたいです。

パッチム あり ▶ 은데

良い	좋다	▶	좋은데 너무 비싸요.	良いですがとても高いです。
多い	많다	▶	시간은 많은데 돈이 없어요.	時間はある(多い)のにお金がないです。
～したい	～고 싶다	▶	가고 싶은데 돈이 없어요.	行きたいのにお金がないです。

例外 ▶ 다の前のパッチムがㅂのときは、ㅂを取って운데

暑い	덥다	▶	낮에는 더운데 밤에는 추워요.	昼は暑いですが夜は寒いです。
辛い	맵다	▶	한국 음식은 매운데 맛있어요.	韓国料理は辛いですが美味しいです。

하다 ▶ ㄴ데

賢い	똑똑하다	▶	제 친구는 똑똑한데 운동을 잘 못해요.	私の友達は賢いですが運動は下手です。
誠実だ	성실하다	▶	저는 성실한데 일을 잘 못해요.	私は誠実ですが仕事が下手(できない)です。

PRACTICE

解答 ▶ 154ページ

1 ㄴ데/은데を使った形に書き換えましょう。

①많다 　많은데
多い

②맵다 ＿＿＿＿
辛い

③예쁘다 ＿＿＿＿
きれい

④귀엽다 ＿＿＿＿
かわいい

⑤비싸다 ＿＿＿＿
(値段が)高い

⑥좋다 ＿＿＿＿
良い

⑦덥다 ＿＿＿＿
暑い

⑧춥다 ＿＿＿＿
寒い

⑨편하다 ＿＿＿＿
楽だ

⑩우울하다 ＿＿＿＿
憂鬱だ

⑪불편하다 ＿＿＿＿
不便だ

⑫행복하다 ＿＿＿＿
幸せだ

⑬따뜻하다 ＿＿＿＿
あたたかい

⑭성실하다 ＿＿＿＿
誠実だ

⑮필요하다 ＿＿＿＿
必要だ

2 次の語句とㄴ데/은데を使って文章(現在形)を作りましょう。

①가고 싶다, 못, 가다
　가고 싶은데 못 가요.
行きたいですが行けないです。

②행복하다, 왜, 안, 웃다(笑う)
＿＿＿＿
幸せなのになぜ笑わないんですか?

③예쁘다, 왜, 남자친구, 이/가, 없다
＿＿＿＿
綺麗なのになぜ彼氏がいないんですか?

④한국 음식, 은/는, 맵다, 맛있다
＿＿＿＿
韓国料理は辛いですがおいしいです。

⑤밖(外), 은/는, 춥다, 안(中), 은/는, 따뜻하다
＿＿＿＿
外は寒いですが中は暖かいです。

⑥그, 인형(人形), 은/는, 귀엽다, 비싸다
＿＿＿＿
その人形はかわいいですが高いです。

⑦핸드폰, 은/는, 필요하다, 컴퓨터, 은/는, 필요없다
＿＿＿＿
携帯は必要ですがパソコンは必要ないです。

⑧더(もっと), 자고 싶다(寝たい), 시간, 이/가, 없다
＿＿＿＿
もっと寝たいですが時間がありません。

⑨음료수(飲みもの), 을/를, 마시고 싶다, 돈, 이/가, 없다
＿＿＿＿
飲み物を飲みたいですがお金がありません。

⑩더, 먹고 싶다, 배불러서(満腹で), 못, 먹다
＿＿＿＿
もっと食べたいですが満腹で食べられません。

Lesson_21

ㄹ/을 거예요

～するつもりです

*ㄹ/을 거예요は、ㄹ/을 것이다(原型)がㄹ/을 것이에요→ㄹ/을 거예요と変化したもの。

パッチム なし ▶ ㄹ 거예요

会う	만나다	▶	저는 친구를 만날 거예요.	私は友達に会うつもりです。
寝る	자다	▶	저는 1시에 잘 거예요.	私は1時に寝るつもりです。
出る	나가다	▶	언제 나갈 거예요?	いつ出るつもりですか?

パッチム あり ▶ 을 거예요

食べる	먹다	▶	피자를 먹을 거예요?	ピザを食べるつもりですか?
撮る	찍다	▶	저는 사진을 찍을 거예요.	私は写真を撮るつもりです。
着る	입다	▶	저는 자켓을 입을 거예요.	私はジャケットを着るつもりです。

例外 ▶ 다の前のパッチムがㄹのときは거예요

住む	살다	▶	미국에서 살 거예요?	アメリカに住むつもりですか?
売る	팔다	▶	저는 자전거를 팔 거예요.	私は自転車を売るつもりです。
遊ぶ	놀다	▶	오늘 놀 거예요?	今日遊ぶつもりですか?

하다 ▶ ㄹ 거예요

する	하다	▶	뭐를 할 거예요?	何をするつもりですか?
運動する	운동하다	▶	저는 운동할 거예요.	私は運動するつもりです。
働く	일하다	▶	저는 학교에서 일할 거예요.	私は学校で働くつもりです。

PRACTICE

解答 ▶ 154ページ

1 次の単語をㄹ 거예요/을 거예요を使った形に書き換えましょう。

①씻다 씻을 거예요　②쉬다 ______　③하다 ______
洗う　休む　する

④주다 ______　⑤먹다 ______　⑥사다 ______
あげる　食べる　買う

⑦살다 ______　⑧보다 ______　⑨놀다 ______
住む　見る　遊ぶ

2 語群から適切な単語を使ってㄹ 거예요/을 거예요の文章を完成させましょう。

입다 / 만나다 / 쉬다 / 주다 / 공부하다 / 가다 / 씻다

①저는 손을 씻을 거예요.
私は手を洗うつもりです。

②오늘 무슨 옷을 ______
今日はどんな服を着るつもりですか?

③피곤해요. 그래서 오늘은 집에서 ______
疲れました。なので今日は家で休むつもりです。

④저는 영국에서 친구를 ______
私はイギリスで友達に会うつもりです。

⑤내일은 제 친구의 생일이에요. 친구한테 생일 선물을 ______
明日は私の友達の誕生日です。 友達に誕生日プレゼントを あげるつもりです。

⑥이번 휴가에 어디에 ______
今回の休暇はどこかに行くつもりですか?

⑦저는 오늘부터 프랑스어를 ______
私は今日からフランス語を勉強するつもりです。

3 次の日本語を韓国語にしましょう。

①今日は何をするつもりですか?　오늘 뭐 할 거예요?

②友達と会うつもりです。　______

③どこで(어디에서)会うつもりですか?　______

④ソウルで(서울에서)会うつもりです。　______

⑤どこで遊ぶつもりですか?　______

Lesson_22

ㄹ게요/을게요

~しますよ、~しますね

パッチム なし ▸ ㄹ게요

帰る	돌아가다	▸ 저는 집에 돌아갈게요.	私は家に帰りますね。
起きる	일어나다	▸ 조금 이따가 일어날게요.	少し後で(もう少ししたら)起きますね。

パッチム あり ▸ 을게요

拭く	닦다	▸ 제가 닦을게요.	私が拭きますよ。
返す	갚다	▸ 제가 꼭 돈을 갚을게요!	私が必ずお金を返しますね!

例外 ▸ 다の前のパッチムがㄹのときは게요

作る	만들다	▸ 저는 피자를 만들게요.	私はピザを作りますね。
持つ	들다	▸ 그 짐은 제가 들게요!	その荷物は私が持ちますね!

不規則

聞く	듣다	▸ 이따가 들을게요.	後で聞きますね。
注ぐ	붓다	▸ 물을 부을게요.	水を注ぎますね。
助ける	돕다	▸ 제가 도울게요!	私が助けますよ!

하다 ▸ ㄹ게요

連絡する	연락하다	▸ 조금 이따가 연락할게요!	少し後で連絡しますね!
応援する	응원하다	▸ 제가 응원할게요!	私が応援しますよ!
期待する	기대하다	▸ 기대할게요!	期待しますね!

PRACTICE

解答 ▶ 155ページ

1 ㄹ게요/을게요を使った形に書き換えましょう。

①하다 할게요.
する

②들다 ______
持つ

③보내다 ______
送る

④주다 ______
あげる

⑤잡다 ______
掴む

⑥닫다 ______
閉める

⑦내리다 ______
降りる

⑧나가다 ______
出る

⑨돕다 ______
助ける

⑩전화하다 ______
電話する

⑪기다리다 ______
待つ

⑫보여주다 ______
見せる

⑬들어가다 ______
入っていく

⑭주문하다 ______
注文する

⑮연락하다 ______
連絡する

2 語群から適切な単語を使って次の質問にㄹ게요/을게요の形で答えましょう。

나가다 / 주문하다 / 전화하다

①어떤 음식을 주문할 거예요?
どんな料理を注文しますか?
저는 스파게티를 주문할게요.
私はスパゲティを 注文しますね。

②언제 전화 줄 거예요?
いつ電話をくれますか?
이따가 ______
後で 電話しますね。

③언제 나올 거예요?
いつ出るんですか?
지금 바로 ______
今すぐ 出ますよ。

3 単語をㄹ게요/을게요の形に書き換えて文章を完成させましょう。

①머리가 아파요. 조금 쉴게요. (쉬다)
頭が痛いです。少し 休みますね。

②얼마예요? 제가 ______ (내다)
いくらですか? 私が 出し(払い)ますね。

③오늘은 제가 ______ (요리하다)
今日は私が 料理しますね。

④화장실에 빨리 ______ (다녀오다)
化粧室に急いで 行ってきますね。

Lesson_23

에/에서, 로/으로

～に、～で、～から、～へ

～に、～へ　～에

場所

집에 가요.	▸ 家に行きます(=帰ります)。
캐나다에는 안 가요.	▸ カナダには行きません。

時間

11시에 자요.	▸ 11時に寝ます。
아침 8시에 출발해요.	▸ 朝の8時に出発します。

日／季節

월요일에 뭐 해요?	▸ 月曜日に何をしますか?
주말에 파티에 가요?	▸ 週末にパーティーへ行きますか?
11월에 한국에 올 거예요?	▸ 11月に韓国へ来るんですか?
저는 봄에 한국에 갈 거예요.	▸ 私は春に韓国へ行くつもりです。

位置

앞에 / 뒤에	▸ 前に／後ろに
위에 / 아래에	▸ 上に／下に
옆에 / 오른쪽에 / 왼쪽에	▸ 横に／右側に／左側に
가운데에 / 밖에 / 안에	▸ 真ん中に／外に／中に

～で、～から　～에서

場所

어디에서 왔어요?	▸ どこから来ましたか?
저는 인도에서 왔어요.	▸ 私はインドから来ました。

*에서はある場所から動作が始まったり、その場所の中で動作をするようなイメージ。

저는 인천공항에서 일해요.	▸ 私は仁川空港で働きます。
카페에서 아메리카노를 마셨어요.	▸ カフェでアメリカーノを飲みました。
일요일에 영화관에서 영화를 봤어요.	▸ 日曜日に映画館で映画を見ました。

～で、～へ　～로/으로

手段

한국어로 설명할게요.	▸ 韓国語で説明しますね。
이 책으로 공부했어요.	▸ この本で勉強しました。
차로 4시간 정도 걸려요.	▸ 車で4時間くらいかかります。

方向

*動作の終着点に注目するときは로/으로を使う。

이쪽으로 오세요.	▸ こちら側へ来てください。
부산에서 제주도로 갔어요.	▸ 釜山から済州島へ(に向かって)行きました。

解答 ▶ 155ページ

1 次の質問に答えましょう。

①어디에서 살아요? どこに住んでいますか?	저는 한국에서 살아요. 私は韓国に住んでいます。
②학교에 몇 시에 가요? 学校に何時に行きますか?	______ 9時に行きます。
③어디에서 공부해요? どこで勉強しますか?	______ 学校で勉強します。
④언제 태어났어요? いつ生まれましたか?　生まれる태어나다	______ 2000年8月20日に生まれました。
⑤어디에서 일할 거예요? どこで働くつもりですか?	______ ニュージーランド(뉴질랜드)で働くつもりです。

2 空欄に에, 에서のうち適当なものを入れ、日本語に訳してみましょう。

ヒント

일본어(日本語)　여름(夏)　내년(来年)　중국(中国)　베이징(北京)　베트남(ベトナム) 말레이시아(マレーシア)　영화관(映画館)

①선생님은 2010년<u>에</u> 호주<u>에</u> 갔어요.　先生は2010年にオーストラリアに行きました。

②저는 호주______일본어를 공부했어요. ______

③저는 제 친구랑 여름______ 일본______ 갔어요. ______

④일본______ 친구를 만났어요. ______

⑤내년______ 중국______ 갈 거예요. ______

⑥저는 중국, 베이징______ 살아요. ______

⑦주말______ 집______ 있을 거예요. ______

⑧언제 한국______ 왔어요? ______

⑨저는 2012년______ 베트남______ 왔어요. ______

⑩어디______ 친구를 만나요? ______

⑪학교______ 가고 있어요. ______

⑫여름______ 말레이시아______ 갈 거예요. ______

⑬일요일______ 영화관______ 영화를 볼 거예요. ______

⑭어디______ 왔어요? ______

3 次の語句を並べ替えて文章を作りましょう。

①에서/공부해요/한국어를/저는/학교 저는 학교에서 한국어를 공부해요.
②도서관(図書館)/저/에/는/가고 있어요 ____
③러시아(ロシア)/살아요/에서/저는 ____
④커피숍(コーヒーショップ)/커피를/에서/마셨어요 ____
⑤내년/한국/에/에/가요 ____

4 로/으로, 에のうち適当なものを使った形に書き換えましょう。

①배 船 ___배로___
②비행기 飛行機 ____
③지하철 地下鉄 ____
④이어폰 イヤホン ____
⑤택배 宅配 ____
⑥가위 はさみ ____
⑦젓가락 箸 ____
⑧숟가락 スプーン ____
⑨봄 春 ____
⑩여름 夏 ____
⑪가을 秋 ____
⑫겨울 冬 ____

5 로/으로, 에のうち適切なものを入れ、日本語に訳してみましょう。

ヒント 자르다(切る) 겨울(冬) 스키(スキー) 걸리다(かかる) 음악(音楽)

①1시에 만나요. 1時に会いましょう。
②가위____ 잘랐어요. ____
③겨울____ 스키를 탈 거예요. ____
④뒤____ 있어요. ____
⑤배____ 하루 걸렸어요. ____
⑥비행기____ 얼마나 걸려요? ____
⑦어디____ 있어요? ____
⑧이어폰____ 음악을 들어요. ____
⑨지하철____ 10분 걸려요. ____
⑩차____ 3시간 정도 걸려요. ____
⑪택배__ 보낼게요. ____

Lesson_24

～부터～까지, ～에서～까지

～から～まで

～から～まで　～부터～까지

時間 ▶ ～부터 ～까지

몇 시부터 몇 시까지 일해요?	▶ 何時から何時まで働きますか?
아침 10시부터 저녁 11시까지 일해요.	▶ 朝10時から夜11時まで働きます。
점심시간은 몇 시부터 몇 시까지예요?	▶ 昼食時間は何時から何時までですか?
오후 12시부터 1시 30분까지예요.	▶ 午後12時から1時30分までです。

場所 ▶ ～에서～까지

서울에서 부산까지 얼마나 걸려요?	▶ ソウルから釜山までどのくらいかかりますか?
부산까지는 버스로 3시간 정도 걸려요.	▶ 釜山まではバスで3時間くらいかかります。
여기에서 이태원까지 멀어요?	▶ ここから梨泰院(イテウォン)まで遠いですか?
여기에서는 30분 쯤 걸려요.	▶ ここからは30分ほどかかります。
여기에서 공항까지 얼마예요?	▶ ここから空港までいくらですか?
집에서 학교까지 가까워요?	▶ 家から学校まで近いですか?

～までに　～까지

렌트비를 언제까지 내야 돼요?	▶ レンタル費をいつまでに出さなければ(払わなければ)いけませんか?
오늘까지 내야 돼요.	▶ 今日までに出さなければ(払わなければ)いけません。

PRACTICE

解答 ▶ 156ページ

1 次の単語を부터, 에서のうち適当な方を使って「〜から」の形に書き換えましょう。

①아침 아침부터
朝

②오전 ＿＿＿＿
午前

③버스 정류장 ＿＿＿＿
バス停留所

④점심 ＿＿＿＿
昼

⑤오후 ＿＿＿＿
午後

⑥언제 ＿＿＿＿
いつ

⑦저녁 ＿＿＿＿
夕方(夜ごはん)

⑧밤 ＿＿＿＿
夜

⑨지하철역 ＿＿＿＿
地下鉄駅

2 次の( )のうち正しいものに○をつけましょう。

①오늘 (부터 / 정도) 운동할 거예요.
②지금 (부터 / 에서 / 까지) 다이어트할 거예요. 다이어트 ダイエット
③여기 (에서 / 부터 / 까지) 집 (에서 / 까지 / 부터) 가까워요?
④여기 (까지 / 에서 / 부터) 버스 정류장 (부터 / 까지 / 에서) 몇 분 (까지 / 정도 / 에서) 걸려요?
⑤월요일 (까지 / 정도 / 부터) 금요일 (부터 / 정도 / 까지) 일해요.
⑥미국, 어디 (에서 / 부터 / 정도 / 까지) 왔어요? 미국 アメリカ
⑦어제 6시 (부터 / 까지) 12시 (에서 / 까지) 잤어요.
⑧지하철 역 (까지 / 부터 / 정도) 얼마나 걸려요?

3 부터, 에서, 까지のうち適当なものを入れ、日本語に訳しましょう。

①몇 시부터 몇 시까지 공부했어요? 何時から何時まで勉強しましたか?
②여기＿＿＿＿ 강남＿＿＿＿ 얼마예요? ＿＿＿＿
③인천＿＿＿＿ 서울＿＿＿＿ 얼마나 걸려요? ＿＿＿＿
④지금＿＿＿＿ 언제＿＿＿＿ 잘 거예요? ＿＿＿＿
⑤3시＿＿＿＿ 11시＿＿＿＿ 공부했어요. ＿＿＿＿
⑥어제 몇 시＿＿＿＿ 몇 시＿＿＿＿ 일했어요? ＿＿＿＿
⑦서울＿＿＿＿ 부산＿＿＿＿ 2시간 반 걸려요. ＿＿＿＿
⑧지금＿＿＿＿ 5시＿＿＿＿ 잘 거예요. ＿＿＿＿

Lesson_25

후에, ㄴ/은 후에

~後、~した後に

~後に　후에

*후에=후(後)+에(→p .54)

名詞 ▶ 후에

1시간 후에 강남역에서 봐요.	▶	1時間後に江南(カンナム)駅で会いましょう。
일주일 후에 도착해요.	▶	1週間後に到着します。
2년 후에 하와이에서 만나요.	▶	2年後にハワイで会いましょう。

~した後に　ㄴ/은 후에

パッチム なし ▶ ㄴ 후에

集める	모으다	▶	돈을 모은 후에 집을 지을 거예요.	お金を集めた(貯めた)後に家を建てるつもりです。
使う	쓰다	▶	쓴 후에 버렸어요.	使った後に捨てました。
入浴する	목욕하다	▶	목욕한 후에 우유를 마셔요.	お風呂に入った後に牛乳を飲みます。

パッチム あり ▶ 은 후에

返す	갚다	▶	돈을 갚은 후에 차를 살 거예요.	お金を返した後に車を買います。
植える	심다	▶	해바라기를 심은 후에 사진을 찍었어요.	ひまわりを植えた後に写真を撮りました。
撮る	찍다	▶	사진을 찍은 후에 인터넷에 올렸어요.	写真を撮った後にインターネットに載せました。

PRACTICE

解答 ▶ 157ページ

1 次の単語を후에/ㄴ/은 후에の形に書き換えましょう。

①일주일 ______
一週間

②10분 ______
10分

③잠시 ______
少しの間

④끝나다 ______
終わる

⑤끝내다 ______
終える(済ませる)

⑥이를 닦다 ______
歯を磨く

⑦치우다 ______
片づける

⑧씻다 ______
洗う

⑨머리를 감다 ______
頭(髪)を洗う

2 次の単語とㄴ/은 후에を使って文章を作りましょう。

①숙제하다 숙제한 후에 연락할게요.
宿題する 宿題をした後に連絡しますね。

②보다 ______
見る 映画を見た後にどこへ行きましたか?

③외우다 ______
覚える 単語(단어)を覚えた後に試験を受ける(시험을 보다)つもりです。

④사용하다 ______
使う マスク(마스크)は使った後に捨てました。(버리다)

⑤살을 빼다 ______
やせる やせた後に服を買うつもりです。

3 ㄴ/은 후에を使って、ここまで出てきた単語も参考にしながら今日の出来事を書いてみましょう。

例)세수한 후에 화장을 했어요.(洗顔をした後に化粧をしました。)

①______

②______

Lesson_26

고 나서, ㄴ/은 다음에

~してから、~した後に

~してから　~고 나서

パッチムなし&あり&하다 ▶ **고 나서**

見る　보다	▶	영화를 보고 나서 커피를 마실 거예요.	映画を見てからコーヒーを飲むつもりです。
洗う　씻다	▶	손을 씻고 나서 전화할게요.	手を洗ってから電話しますね。
ショッピングする　쇼핑하다	▶	쇼핑하고 나서 집에 갔어요.	ショッピングしてから家に行き(帰り)ました。

~した後に　ㄴ/은 다음에

*다음에=다음(次)+에(→p.54)
*다음에と후에は意味的には全く同じ。

パッチム なし ▶ **ㄴ 다음에**

終わる	끝나다	▶	수업이 끝난 다음에 뭐 할 거예요?	授業が終わった後に何をするつもりですか?
休む	쉬다	▶	쉰 다음에 공부할 거예요.	休んだ後に勉強するつもりです。
運動する	운동하다	▶	운동한 다음에 샤워할 거예요.	運動した後にシャワーを浴びます。

パッチム あり ▶ **은 다음에**

食べる	먹다	▶	밥을 먹은 다음에 뭐 하고 싶어요?	ご飯を食べた後に何をしたいですか?
洗う	씻다	▶	손을 씻은 다음에 연락할게요.	手を洗った後に連絡しますね。
磨く	닦다	▶	이를 닦은 다음에 주무세요.	歯を磨いた後に寝てください。

PRACTICE

解答 ▶ 157ページ

1 次の単語を고 나서を使った形に書き換えましょう。

①데이트하다 ____________ ②표를 끊다 ____________ ③자리에 앉다 ____________
데ートをする　票を切る(=チケットを買う)　席に座る

2 次の単語と고 나서を使って文章を作りましょう。

①20살이 되다 → 되고 나서 알바를 시작했어요.
20歳に なる → なってから アルバイトをはじめました。

②영화를 보다 → ____________ 어디에 갈까요?
映画を 見る → 見てから どこかへ行きますか?

③일하다 → ____________ 집에 돌아갈 거예요?
働く → 働いてから 家に帰るつもりですか?

④수업이 끝나다 → ____________ 뭐 하고 싶어요?
授業が 終わる → 終わってから 何をしたいですか?

⑤신문을 읽다 → ____________ 잤어요.
新聞を 読む → 読んでから 行きました。

3 次の単語をㄴ/은 다음에を使った形に書き換えましょう。

①들어가다 ____________ ②구경하다 ____________ ③사진을 찍다 ____________
入る　見物する　写真を撮る

4 次の単語をㄴ/은 다음에の形にして文章を作りましょう。

①마시다 마신 다음에 어디에 가고 싶어요?
飲む 飲んだ後に どこへ行きたいですか?

②만나다 ____________ 도서관에서 공부했어요.
会う 会った後に 図書館で勉強しました。

③화장하다 ____________ 남자친구를 만날 거예요.
化粧する 化粧した後に 彼氏と会うつもりです。

④먹다 ____________ 전화할게요.
食べる 食べた後に 電話しますね。

⑤샤워하다 ____________ 우유를 마셔요.
シャワーする シャワーした後に 牛乳を飲みます。

Lesson_27

전에, ~기 전에

~前に、~する前に

~前に　전에

名詞 ▶ 전에

언제 한국에 왔어요?	▶ いつ韓国に来ましたか?
1년 전에 한국에 왔어요.	▶ 1年前に韓国に来ました。
언제 도착했어요?	▶ いつ到着しましたか?
2시간 전에 도착했어요.	▶ 2時間前に到着しました。
언제부터 운동을 시작했어요?	▶ いつから運動を始めましたか?
세 달 전에 시작했어요.	▶ 3ヶ月前に始めました。

~する前に　~기 전에

パッチムなし&あり&하다 ▶ 기 전에

寝る	자다	▶ 자기 전에 이를 닦으세요.	寝る前に歯を磨いてください。
		▶ 귀찮아요.	面倒臭いです。
食べる	먹다	▶ 먹기 전에 손을 씻으세요.	食べる前に手を洗ってください。
		▶ 나중에 씻을게요.	あとで洗いますね。
運動する	운동하다	▶ 운동하기 전에 스트레칭을 하세요.	運動する前にストレッチをしてください。
		▶ 어째서요?	どうしてですか?

PRACTICE

解答 ▶ 157ページ

1 次の単語を~기 전에を使った形に書き換えましょう。

①팔다 팔기 전에 ②끝나다 ______ ③사용하다 ______
売る 終わる 使用する
④만들다 ______ ⑤나가다 ______ ⑥시작하다 ______
作る 出る 始める

2 次の単語を~기 전에の形にして文章を作りましょう。

①수영하다 수영하기 전에 준비운동을 해야 돼요.
水泳する(泳ぐ)前に 準備運動をしなければいけません。
②영화가 시작되다(始まる) ______ 핸드폰을 꺼 주세요.
映画が始まる前に 携帯電話を切ってください。
③자다 ______ 샤워하세요.
寝る前に シャワーを浴びてください。
④출발하다 ______ 전화해 주세요.
出発する前に 電話してください。
⑤먹다 ______ 손을 씻으세요.
食べる前に 手を洗ってください。
⑥한국에서 살다 ______ 미국에서 살았어요.
韓国に住む前に アメリカに住んでいました。
⑦돌아가다 ______ 같이 밥을 먹어요.
帰る前に 一緒にご飯を食べましょう。

3 次の語句を전에/~기 전에で繋げて文章を作りましょう。

①차를 팔다, 고민하다 차를 팔기 전에 고민했어요.
車を売る, 悩む 車を売る前に悩みました。
②일주일, 결혼하다 ______
一週間, 結婚する 一週間前に結婚しました。
③몇 년, 사다 ______
何年, 買う 何年前に買いましたか?
④10년, 오다 ______
10年, 来る 10年前に来ましたか?
⑤집을 나가다, 확인하다 ______
家を出る, 確認する 家を出る前に確認しました。

Lesson_28

동안, ~는 동안

~間、~する間

~間　동안

名詞 ▶ **동안**

몇 년 동안 한국어를 공부했어요?	▶ 何年間韓国語を勉強しましたか?
3년 동안 공부했어요.	▶ 3年間勉強しました。
미국에서 10년 동안 뭐했어요?	▶ アメリカで10年間何をしましたか?
2년 동안 공부한 다음에 8년 동안 은행에서 일했어요.	▶ 2年間勉強した後、8年間銀行で働きました。
오래 기다렸어요?	▶ 長く(=長い間)待ちましたか?
1시간 동안 기다렸어요.	▶ 1時間待ちました。

~する間　~는 동안

パッチムなし&あり&하다 ▶ **는 동안**

寝る	자다	▶ 저는 제 남편이 자는 동안 요리했어요.	私は(私の)夫が寝ている間、料理をしました。
滞在する	머무르다	▶ 저는 호주에서 머무르는 동안 많이 배웠어요.	私はオーストラリアで滞在している間、たくさん学びました。
掃除する	청소하다	▶ 청소하는 동안 들어오지 마세요.	掃除する間、入ってこないで下さい。
着替える	갈아입다	▶ 옷을 갈아입는 동안 잠깐 기다려주세요.	服を着替える間、ちょっと待って下さい。

PRACTICE

解答 ▶ 158ページ

1 次の単語を~는 동안を使った形に書き換えましょう。

①기다리다 기다리는 동안　②먹다 ____　③라면을 끓이다 ____
待つ　食べる　ラーメンを煮る(作る)

④정리하다 ____　⑤찾다 ____　⑥설거지하다 ____
整理する(片づける)　探す　皿洗いをする

2 次の単語を~는 동안の形に書き換えて、文章を完成させましょう。

①준비하다 준비하는 동안 밖에서 기다려 주세요.
準備する間 外で待ってください。

②기다리다 ____ 뭐 할까요?
待っている間 何をしましょうか?

③운동하다 ____ 핸드폰을 사용하지 마세요.
運動する間 携帯電話を使わないでください。

④제가 운전하다 ____ 잤어요?
私が運転する間 寝ましたか?

⑤아빠가 청소하다 ____ 티비를 봤어요.
お父さんが掃除する間 テレビを見ました。

⑥엄마가 라면을 끓이다 ____ 숙제를 했어요.
お母さんがラーメンを作る間 宿題をしました。

⑦제가 책상을 정리하다 ____ 사토 씨는 설거지를 했어요.
私がテーブルを片付ける間 佐藤さんは皿洗いをしました。

3 次の語句を동안で繋げた文章を作りましょう。

①몇 시간, 기다리다 몇 시간 동안 기다렸어요?
何時間, 待つ 何時間(の間)待ちましたか?

②이틀, 연습하다 ____
2日, 練習する 2日間練習しました。

③일주일, 조사하다 ____
1週間, 調査する(調べる) 1週間調査しました。

④한 달, 훈련하다 ____
1ヶ月, 訓練する 1か月間訓練しました。

⑤3일, 머무르다 ____
3日, 滞在する 3日間滞在しました。

Lesson_29

자마자

~してすぐ、~するや否や

パッチムなし & あり & 하다 ▶ **자마자**

見る	보다	▶	보자마자 첫 눈에 반했어요.	見てすぐに一目惚れしました。
乗る	타다	▶	버스에 타자마자 연락해 주세요.	バスに乗ったらすぐ連絡して下さい。
降りる	내리다	▶	지하철에서 내리자마자 오른쪽으로 가세요.	地下鉄から降りたらすぐ右側へ行って下さい。
終わる	끝나다	▶	학교가 끝나자마자 친구네 집에 갔어요.	学校が終わってすぐ友達の家に行きました。

横になる	눕다	▶	눕자마자 잠들었어요.	横になるや否や眠りました。
聞く	듣다	▶	소식을 듣자마자 나왔어요.	知らせを聞いてすぐ出ました。
入れる	넣다	▶	입에 넣자마자 뱉었어요.	口に入れるや否や吐き出しました。

到着する	도착하다	▶	집에 도착하자마자 전화할게요.	家に着いたらすぐ電話しますね。
結婚する	결혼하다	▶	결혼하자마자 아기를 가졌어요.	結婚してすぐ子供が出来ました。
卒業する	졸업하다	▶	졸업하자마자 취직했어요.	卒業してすぐ就職しました。

PRACTICE

解答 ▶ 158ページ

1 次の単語を자마자を使った形に書き換えましょう。

①오다 오자마자
来る

②듣다 ＿＿＿＿
聞く

③일어나다 ＿＿＿＿
起きる

④마시다 ＿＿＿＿
飲む

⑤만들다 ＿＿＿＿
作る

⑥시작하다 ＿＿＿＿
始める

⑦나가다 ＿＿＿＿
出る

⑧출발하다 ＿＿＿＿
出発する

⑨답장하다 ＿＿＿＿
返事する

2 下の語句を자마자を使って繋げた過去形の文章にしましょう。

①출발하다, 비가 오다　출발하자마자 비가 왔어요.
出発する, 雨が降る　出発するや否や雨が降りました。

②사다, 고장나다　＿＿＿＿
買う, 故障する　買うや否や故障しました。

③만지다, 망가지다　＿＿＿＿
触る, 壊れる　触るや否や壊れました。

④도착하다, 연락하다　＿＿＿＿
到着する, 連絡する　到着するや否や連絡しました。

⑤받다, 답장하다　＿＿＿＿
もらう, 返事する　もらってすぐ返事しました。

⑥보다, 반하다　＿＿＿＿
見る, 惚れる　見るや否や惚れました。

⑦나가다, 만나다　＿＿＿＿
出る, 会う　出るや否や会いました。

⑧찾다, 잃어버리다　＿＿＿＿
探す(見つける), 失くす　見つけてすぐ失くしました。

⑨사다, 후회하다　＿＿＿＿
買う, 後悔する　買ってすぐ後悔しました。

Lesson_30
고 싶다
～したい

*고 싶다「～したい」 ＋ 어요 ＝ 고 싶어요（現在形）

パッチムなし & あり & 하다 ▶ **고 싶어요**

買う 사다	▶ 뭐를 사고 싶어요?	何を買いたいですか?
	▶ 저는 컴퓨터를 사고 싶어요.	私はコンピューターを買いたいです。
行く 가다	▶ 언제 가고 싶어요?	いつ行きたいですか?
	▶ 지금 가고 싶어요.	今行きたいです。

聞く 듣다	▶ 무슨 노래를 듣고 싶어요?	何の歌を聴きたいですか?
	▶ 신나는 노래를 듣고 싶어요.	楽しい歌を聴きたいです。
遊ぶ 놀다	▶ 어디에서 놀고 싶어요?	どこで遊びたいですか?
	▶ 런던에서 놀고 싶어요.	ロンドンで遊びたいです。

ショッピングする 쇼핑하다	▶ 어디에서 쇼핑하고 싶어요?	どこでショッピングしたいですか?
	▶ 동대문에서 쇼핑하고 싶어요.	東大門でショッピングしたいです。
水泳する 수영하다	▶ 어디에서 수영하고 싶어요?	どこで泳ぎたいですか?
	▶ 한강에서 수영하고 싶어요.	漢江で泳ぎたいです。

*過去形（→p.42） 고 싶다 ＋ 었다 ＋ 어요 ＝ 고 싶었어요（過去形）

乗る 타다	▶ 자전거를 타고 싶었어요.	自転車に乗りたかったです。
作る 만들다	▶ 케익을 만들고 싶었어요.	ケーキを作りたかったです。
言う 말하다	▶ 사실을 말하고 싶었어요.	事実を話したかった（言いたかった）です。

PRACTICE

解答 ▶ 158ページ

1 次の単語を고 싶어요の形に書き換えましょう。

①보다 보고 싶어요.
見る（会いたいという意味でも使われる）

②팔다 ______
売る

③노래를 듣다 ______
歌を聴く

④알다 ______
知る

⑤연습하다 ______
練習する

⑥그림을 그리다 ______
絵を描く

⑦이기다 ______
勝つ

⑧만들다 ______
作る

⑨사진을 찍다 ______
写真を撮る

2 次の単語と고 싶어요（싶었어요）を使って文章（Q&A）を作りましょう。

①여행하다	Q: 여행하고 싶어요?	旅行したいですか？
旅行する	A: 네, 여행하고 싶어요.	はい、旅行したいです。
②쇼핑하다	Q:	どこでショッピングしたいですか？
ショッピングする	A:	明洞（명동）で買い物したいです。
③결혼하다	Q:	いつ結婚したいですか？
結婚する	A:	来年（내년）に結婚したいです。
④먹다	Q:	何（を）食べたいですか？
食べる	A:	チキン（치킨）を食べたいです。
⑤만나다	Q:	誰に会いたかったですか？
会う	A:	友だちに会いたかったです。
⑥배우다	Q:	何（を）習いたかったですか？
習う	A:	ギター（기타）を習いたかったです。

3 고 싶어요や고 싶었어요を使って、やりたいことを文章にしてみましょう。

例）일을 끝내고 나서 쉬고 싶어요. （仕事を済ませてから休みたいです。）

① ______

② ______

Lesson_31

기 싫다

～したくない、～するのが嫌だ

*기 싫다「～するのが嫌だ」 + 어요 = 기 싫어요

パッチムなし & あり & 하다 ▸ **기 싫어요**

走る	뛰다	▸ 왜 걷고 있어요?	なぜ歩いているんですか?
		▸ 그냥 뛰기 싫어요.	ただ、走りたくないです。
手伝う	도와주다	▸ 친구를 도와줄 거예요?	友達を手伝ってあげますか?
		▸ 아니요. 도와주기 싫어요.	いいえ、手伝いたくないです。

歩く	걷다	▸ 공원에서 걷고 싶어요?	公園で散歩したいですか?
		▸ 피곤해서 걷기 싫어요.	疲れたので歩きたくないです。
売る	팔다	▸ 그 차를 저한테 파세요.	その車を私に売って下さい。
		▸ 죄송해요. 팔기 싫어요.	すみません。売りたくないです。

覚える(記憶する)	기억하다	▸ 기억하기 싫어요.	覚えるのが嫌です。
答える	대답하다	▸ 대답하기 싫어요.	答えたくありません。
許す	용서하다	▸ 용서하기 싫어요.	許したくありません。

*過去形(→p.42) 기 싫다 + 었다 + 어요 = 기 싫었어요

起きる	일어나다	▸ 일찍 일어나기 싫었어요.	早起きしたくなかったです。
髪を洗う	머리를 감다	▸ 머리를 감기 싫었어요.	髪を洗いたくなかったです。
シャワーする	샤워하다	▸ 샤워하기 싫었어요.	シャワーを浴びたくなかったです。

PRACTICE

解答 ▶ 159ページ

1 次の単語を기 싫어요の形に書き換えましょう。

①보내다 보내기 싫어요.
送る

②떠나다 ________
離れる

③돌아가다 ________
帰る

④일하다 ________
働く

⑤공부하다 ________
勉強する

⑥목욕하다 ________
風呂に入る

⑦지다 ________
負ける

⑧노래하다 ________
歌う

⑨생각하다 ________
考える

2 次の単語と고 싶어요(싶었어요)?, 기 싫어요(싫었어요)使って文章(Q&A)を作りましょう。

①뛰다 Q: 뛰고 싶어요? 走りたいですか?
走る A: 아니요, 뛰기 싫어요. いいえ、走りたくないです。

②걷다 Q: ________ 歩きたいですか？
歩く A: ________ いいえ、歩きたくないです。

③씻다 Q: ________ シャワーを浴びたいですか?
洗う(シャワーする) A: ________ いいえ、シャワーを浴びたくないです。

④일어나다 Q: ________ 起きたいですか?
起きる A: ________ いいえ、起きたくないです。

⑤싸우다 Q: ________ 喧嘩したかったですか?
喧嘩する A: ________ いいえ、喧嘩するのは嫌です。

⑥알다 Q: ________ 知りたかったですか?
知る A: ________ いいえ、知りたくなかったです。

3 기 싫어요, 기 싫었어요を使ってやりたくないことの文章を作ってみましょう。

例) 귀찮아서 씻기 싫어요. (面倒なので洗いたくない=シャワーを浴びたくないです。)

① ________

② ________

Lesson_32

주세요, 어/해 주세요

~してください(依頼)

＊세요 / 으세요(命令の~してください)との違いに注意(→p.116)
＊現在形と同様に作る事ができる。(→p.28)
例) 오다 → 와요 → 와 주세요 (来てください)

パッチム なし ▸ 주세요

行く	가다	▸ 이태원에 가 주세요.	梨泰院(イテウォン)に行ってください。
買う	사다	▸ 옷을 사 주세요.	服を買ってください。

パッチム あり ▸ 어 주세요

開ける	열다	▸ 더워요. 창문을 열어 주세요.	暑いです。窓を開けてください。
読む	읽다	▸ 읽어 주세요.	読んでください。
다の前の母音がㅏ、ㅗのときは아 주세요			
探す	찾다	▸ 제 핸드폰을 찾아 주세요.	私の携帯電話を探してください。
閉める	닫다	▸ 추워요. 문을 닫아 주세요.	寒いです。扉を閉めてください。

하다 ▸ 해 주세요

交換する	교환하다	▸ 교환해 주세요.	交換してください。
質問する	질문하다	▸ 질문해 주세요.	質問してください。

不規則

教える	가르치다	▸ 가르쳐 주세요.	教えてください。
助ける	돕다	▸ 도와주세요.	助けてください。
来る	오다	▸ 와 주세요	来てください。
見る	보다	▸ 봐 주세요.	見てください。

PRACTICE

解答 ▶ 159ページ

1 次の単語を아/어/해 주세요の形に書き換えましょう。

①하다 해 주세요.
する

②기다리다 ______
待つ

③싸다 ______
包む

④포장하다 ______
包装する

⑤요리하다 ______
料理する

⑥열다 ______
開ける

⑦안다 ______
抱く

⑧보내다 ______
送る

⑨닫다 ______
閉める

⑩확인하다 ______
確認する

⑪들다 ______
持つ

⑫가르치다 ______
教える

⑬빌리다 ______
借りる

⑭전화하다 ______
電話する

⑮키스하다 ______
キスする

⑯환불하다 ______
払い戻す

⑰교환하다 ______
交換する

⑱약속하다 ______
約束する

2 次の語群から適当なものを選び아/어/해 주세요を使って文章を完成させましょう。

찍다 / 조용히 하다 / 가다 / 사다 / 기다리다 / 찾다

①안녕하세요, 택시 기사님. 이태원에 가 주세요.
こんにちは、タクシーの運転手さん。 梨泰院へ行ってください。

②오빠, 저 옷을 ______
お兄さん、あの服を買ってください。

③여기는 도서관이에요. ______
ここは図書館です。 静かにしてください。

④지금 가고 있어요. 조금만 ______
今行って(向かって)います。 少しだけ待ってください。

⑤사진을 이렇게 ______
写真をこんな風に撮ってください。

⑥버스에 핸드폰을 두고 내렸어요. 핸드폰을 ______
バスに携帯を置いたまま降りました。 携帯を探してください。

Lesson_33
주시겠어요?, 어/해 주시겠어요?

～してくださいますか、～していただけますか

＊作り方は現在形と同様（→p.28）

パッチム なし ▶ 주시겠어요?

包む	싸다	▶	이 음식을 싸 주시겠어요?	この食べ物を包んでいただけますか?
送る	보내다	▶	택배로 보내 주시겠어요?	宅配で送っていただけますか?

パッチム あり ▶ 어 주시겠어요?

撮る	찍다	▶	사진을 찍어 주시겠어요?	写真を撮っていただけますか?
開ける	열다	▶	창문을 열어 주시겠어요?	窓を開けていただけますか?
다の前の母音がㅏ、ㅗ のときは아 주시겠어요?				
探す	찾다	▶	제 지갑을 찾아 주시겠어요?	私の財布を探していただけますか?
閉める	닫다	▶	문을 닫아 주시겠어요?	扉を閉めていただけますか?

하다 ▶ 해 주시겠어요?

おっしゃる	말씀하다	▶	천천히 말씀해 주시겠어요?	ゆっくりおっしゃっていただけますか?
充電する	충전하다	▶	제 핸드폰을 충전해 주시겠어요?	私の携帯電話を充電していただけますか?

不規則

直す	고치다	▶	제 자전거를 고쳐 주시겠어요?	私の自転車を直していただけますか?
消す	끄다	▶	꺼 주시겠어요?	消していただけますか?
変える	바꾸다	▶	바꿔 주시겠어요?	変えていただけますか?
切る	자르다	▶	잘라 주시겠어요?	切っていただけますか?

PRACTICE

解答 ▶ 160ページ

1 次の単語を어/아/해 주시겠어요?の形に書き換えましょう。

①켜다 켜 주시겠어요?
付ける

②끄다 ____
消す

③확인하다 ____
確認する

④들다 ____
持つ(運ぶ)

⑤잡다 ____
掴む

⑥말씀하다 ____
おっしゃる

⑦기다리다 ____
待つ

⑧빌리다 ____
借りる

⑨배달하다 ____
配達する

⑩바꾸다 ____
変える

⑪돕다 ____
手伝う

⑫충전하다 ____
充電する

2 次の語群から適当なものを選び아/어/해 주시겠어요を使って文章を完成させましょう。

바꾸다 / 가르치다 / 말씀하다 / 켜다 / 끄다 / 들다 / 빌리다 / 충전하다

①날씨가 너무 더워요. 선풍기를 켜 주시겠어요?
天気がとても暑いです。扇風機を付けていただけますか?

②너무 추워요. 에어컨을 ____
とても寒いです。 エアコンを消していただけますか?

③사이즈가 너무 커요. ____
サイズがとても大きいです。 変えていただけますか?

④한국말을 잘 못해요. 천천히 ____
韓国語はうまくできません(下手です)。 ゆっくりおっしゃっていただけますか?

⑤100원이 부족해요. 100원만 ____
100ウォンが足りないです。100ウォンだけ貸していただけますか?

⑥이 박스가 너무 무거워요. ____
このボックスがとても重いです。 持っていただけますか?

⑦한국어는 어려워요. 한국어를 ____
韓国語は難しいです。 韓国語を教えていただけますか?

⑧핸드폰에 밧데리가 없어요. ____
携帯にバッテリーが無いです。 充電していただけますか?

Lesson_34

야 되다, 어/해야 되다

～しなくてはならない

＊作り方は現在形と同様(→p.28)
＊書くときは～야 하다、会話では～야 되다がよく使われる。
＊原型は～야 되다。現在形어요にすると～야 되어요となるが、되어が돼に省略されて～야 돼요の形で使われる。

パッチム なし ▶ 야 돼요

行く	가다	▶	시간이 늦었어요. 지금 가야 돼요.	遅くなりました。今行かなければなりません。
		▶	제 친구의 생일파티에 꼭 가야 돼요.	私の友達の誕生日パーティーに必ず行かなければいけません。
乗る	타다	▶	집이 조금 멀어요. 그래서 버스를 타야 돼요.	家が少し遠いです。なのでバスに乗らなければなりません。
起きる	일어나다	▶	내일 학교에 가야 돼서 일찍 일어나야 돼요.	明日学校に行かなければならないので、早く起きなければなりません。

パッチム あり ▶ 어야 돼요

洗う	씻다	▶	매일 손을 씻어야 돼요.	毎日手を洗わなければいけません。
ある	있다	▶	비자가 꼭 있어야 돼요.	ビザが必ずなければいけません。
다の前の母音がㅏ、ㅗのときは아야 돼요				
我慢する	참다	▶	참아야 돼요.	我慢しなければいけません。
遊ぶ	놀다	▶	토요일에 친구랑 놀아야 돼요.	土曜日に友達と遊ばなければいけません。

하다 ▶ 해야 돼요

シャワーする	샤워하다	▶	하루에 한 번 샤워해야 돼요.	一日に一回シャワーしなければいけません。
練習する	연습하다	▶	일주일에 한 번 꼭 연습해야 돼요.	一週間に一回必ず練習しなければいけません。

PRACTICE

解答 ▶ 160ページ

1 次の単語を야 돼요/어야 돼요/해야 돼요の形に書き換えましょう。

①쓰다 써야 돼요.
書く、使う、被る

②타다 ＿＿＿＿
乗る

③이기다 ＿＿＿＿
勝つ

④찾다 ＿＿＿＿
探す

⑤일어나다 ＿＿＿＿
起きる

⑥성공하다 ＿＿＿＿
成功する

⑦준비하다 ＿＿＿＿
準備する

⑧연습하다 ＿＿＿＿
練習する

⑨도착하다 ＿＿＿＿
到着する

2 次の単語を～야 돼요の形に書き換えて文章を完成させましょう。

①안녕하세요. 저는 오늘 홍콩에 ＿＿＿＿ (가다)
こんにちは。私は今日香港へ行かなければなりません。

②그래서 아침 7시에 ＿＿＿＿ (일어나다)
なので朝7時に起きなければなりません。

③공항에 도착하면, 바로 비행기를 ＿＿＿＿ (타다)
空港へ到着したら、すぐに飛行機に乗らなければなりません。

④그리고 11시까지 공항에 ＿＿＿＿ (도착하다)
そして11時までに空港に到着しなければなりません。

⑤홍콩에 도착하면 밤이에요. 그래서 바로 호텔을 ＿＿＿＿ (찾다)
香港に到着したら夜です。　なのですぐにホテルを探さなければなりません。

⑥아침에 회의가 있어요. 그래서 회의를 ＿＿＿＿ (준비하다)
朝に会議があります。　なので会議を準備しなければなりません。

3 次の単語から適当なものを選び、～야 돼요の形に書き換えて文章を完成させましょう。

이기다 / 공부하다 / 만나다 / 쓰다 / 타다

①저는 눈이 안 좋아요.　그래서 안경을 ＿＿＿＿
私は目が良くありません。なのでメガネを使わなければなりません。

②오늘은 남자친구의 생일이라서 남자친구를 ＿＿＿＿
今日は彼氏の誕生日なので彼氏に必ず(꼭)会わなければなりません。

③중국에 갈 거예요.　그래서 중국어를 ＿＿＿＿
中国に行く予定です。　なので中国語を勉強しなければなりません。

④이번 게임은 ＿＿＿＿
今回のゲームは必ず勝たなければなりません。

⑤부산은 멀어서 KTX를 ＿＿＿＿
釜山は遠いので韓国の高速鉄道KTXを(に)乗らなければなりません。
KTX:韓国の高速鉄道

Lesson_35

안 ~도 되다, 안 ~어/해도 되다

~しなくてもよい

＊作り方は現在形と同様。(→p.28)
＊Lesson34と同じく、現在形の正式な形は안 ~도 되어요。되어が돼に省略されている。

パッチム なし ▶ 안 ~도 돼요

行く	가다	▶	시간이 많아요. 지금 안 가도 돼요.	時間がたくさんあります。今行かなくてもいいです。
乗る	타다	▶	집이 가까워요. 그래서 기차를 안 타도 돼요.	家が近いです。なので汽車に乗らなくてもいいです。
起きる	일어나다	▶	오늘은 휴일이에요. 그래서 오늘은 일찍 안 일어나도 돼요.	今日は休日です。なので今日は早く起きなくてもいいです。

パッチム あり ▶ 안 ~어도 돼요

信じる	믿다	▶	안 믿어도 돼요.	信じなくてもいいです。
隠れる	숨다	▶	안 숨어도 돼요.	隠れなくてもいいです。
다の前の母音がㅏ、ㅗのときは안 ~아도 돼요				
住む	살다	▶	한국에서 안 살아도 돼요.	韓国に住まなくてもいいです。
遊ぶ	놀다	▶	저랑 안 놀아도 돼요.	私と遊ばなくてもいいです。

하다 ▶ 안 해도 돼요

答える	대답하다	▶	지금 대답 안 해도 돼요.	今答えなくてもいいです。
働く	일하다	▶	내일은 일 안 해도 돼요.	明日は働かなくてもいいです。

不規則

飲む	마시다	▶	안 마셔도 돼요.	飲まなくてもいいです。
見る	보다	▶	안 봐도 돼요.	見なくてもいいです。
知らない	모르다	▶	몰라도 돼요.	知らなくてもいいです。

PRACTICE

解答 ▶ 160ページ

1 次の単語を안 ～아/어/해도 돼요の形に書き換えましょう。

①자다 안 자도 돼요.
寝る

②배우다 ＿＿＿＿＿＿
習う

③돈을 갚다 ＿＿＿＿＿＿
お金を返す

④만들다 ＿＿＿＿＿＿
作る

⑤하다 ＿＿＿＿＿＿
する

⑥일어나다 ＿＿＿＿＿＿
起きる

⑦일하다 ＿＿＿＿＿＿
働く

⑧먹다 ＿＿＿＿＿＿
食べる

⑨기다리다 ＿＿＿＿＿＿
待つ

⑩자르다 ＿＿＿＿＿＿
切る

⑪오다 ＿＿＿＿＿＿
来る

⑫돌아가다 ＿＿＿＿＿＿
帰る

2 次の語群から適当なものを選び안～도 돼요を使って会話文を完成させましょう。

하다 / 일어나다 / 가다 / 배우다 / 일하다 / 마시다 / 자르다 / 입다 / 돈을 갚다

①꼭 그렇게 술을 마셔야 돼요? 아니요. ＿＿＿＿＿＿
必ずそのようにお酒を飲まなければいけませんか? いいえ。 飲まなくてもいいです。

②이거 제가 해야 돼요? 아니요. 하기 싫으면 ＿＿＿＿＿＿
これ、私がしなければいけませんか? いいえ。 するのが嫌ならしなくてもいいです。

③영어를 꼭 배워야 돼요? 아니요. ＿＿＿＿＿＿
英語を必ず学ばなければいけませんか? いいえ。 学ばなくてもいいです。

④아프면 병원에 가야 돼요. 저는 괜찮아요. 병원에 ＿＿＿＿＿＿
痛いなら病院に行かなければいけません。 私は大丈夫です。 病院に行かなくてもいいです。

⑤내일 아침에 일찍 일어나야 돼요? 내일은 휴일이라서 일찍 ＿＿＿＿＿＿
明日の朝は早く起きなければいけませんか? 明日は休日なので早く起きなくてもいいです。

⑥일요일에 꼭 일해야 돼요? 아니요. ＿＿＿＿＿＿
日曜日に必ず働かなければいけませんか? いいえ。 働かなくてもいいです。

⑦머리를 잘라야 돼요? 아니요. ＿＿＿＿＿＿
髪を切らなければいけませんか? いいえ。 切らなくてもいいです。

⑧교복을 입어야 돼요? 아니요. ＿＿＿＿＿＿
制服を着なければいけませんか? いいえ。 着なくてもいいです。

⑨돈을 갚아야 돼요? 아니요. ＿＿＿＿＿＿
お金を返さなければいけませんか? いいえ。 お金を返さなくてもいいです。

Lesson_36

도 되다, 어/해도 되다

～してもいい

＊Lesson34,35と同じく、되어が돼に省略されている。

パッチム なし ▶ 도 돼요

乗る	타다	▶ 이 버스를 타도 돼요.	このバスに乗ってもいいですよ。
起きる	일어나다	▶ 내일은 늦게 일어나도 돼요.	明日は遅く起きてもいいです。

パッチム あり ▶ 어도 돼요

信じる	믿다	▶ 저를 믿어도 돼요.	私を信じてもいいですよ。
写真を撮る	사진을 찍다	▶ 사진을 찍어도 돼요?	写真を撮ってもいいですか?
다の前の母音がㅏ、ㅗのときは아도 돼요			
返す	갚다	▶ 돈을 나중에 갚아도 돼요.	お金を(は)後で返してもいいです。
閉める	닫다	▶ 문을 닫아도 돼요?	扉(ドア)を閉めてもいいですか?

하다 ▶ 해도 돼요

電話する	전화하다	▶ 지금 전화해도 돼요.	今電話してもいいですよ。
お願いする	부탁하다	▶ 부탁해도 돼요?	お願いしてもいいですか?

不規則

歌を歌う	노래를 부르다	▶ 여기에서 노래를 불러도 돼요?	ここで歌を歌ってもいいですか?
踊りを踊る	춤을 추다	▶ 여기에서 춤을 춰도 돼요?	ここで踊りを踊ってもいいですか?
待つ	기다리다	▶ 여기에서 기다려도 돼요?	ここで待ってもいいですか?

PRACTICE

解答 ▶ 161ページ

1 次の単語を도 돼요/어도 돼요/해도 돼요の形に書き換えましょう。

①열다＿＿＿＿＿＿＿＿
開ける

②닫다＿＿＿＿＿＿＿＿
閉める

③가지고 오다＿＿＿＿＿＿
持って来る (가져오다)

④버리다＿＿＿＿＿＿＿
捨てる

⑤앉다＿＿＿＿＿＿＿＿
座る

⑥가지고 가다＿＿＿＿＿＿
持って行く(가져가다)

⑦전화하다＿＿＿＿＿＿
電話する

⑧빌리다＿＿＿＿＿＿＿
借りる

⑨취소하다＿＿＿＿＿＿
取り消す

2 次の語群から適当なものを選び、~도 돼요を使って会話文を完成させましょう。

가져가다 / 빌리다 / 열다 / 버리다 / 닫다 / 전화하다

①이따가 다시 ＿＿＿＿＿＿＿＿　　네, 이따가 ＿＿＿＿＿＿＿＿
あとでまた電話してもいいですか?　　はい、あとで 電話してもいいです。

②날씨가 조금 추워요. 문을 ＿＿＿＿＿＿＿＿　　네, ＿＿＿＿＿＿＿＿
天気が少し寒いです。ドアを閉めてもいいですか?　　はい、閉めてもいいです。

③날씨가 덥네요. 창문을 ＿＿＿＿＿＿＿＿　　네, ＿＿＿＿＿＿＿＿
天気が暑いですね。窓を開けてもいいですか?　　はい、開けてもいいです。

④그 충전기를 잠깐만 ＿＿＿＿＿＿＿＿　　네, ＿＿＿＿＿＿＿＿
その充電器を少しだけ借りてもいいですか?　　はい、借りてもいいです。

⑤이거 쓰레기예요? ＿＿＿＿＿＿＿＿　　네, ＿＿＿＿＿＿＿＿
これはゴミですか? 捨ててもいいですか?　　はい、捨ててもいいです。

⑥이 책을 제가 ＿＿＿＿＿＿＿＿　　네, ＿＿＿＿＿＿＿＿
この本を私が持って行ってもいいですか?　　はい、持って行ってもいいです。

3 次の単語と、~도 돼요を使って会話文(Q&A)を作りましょう。

앉다 / 먹다 / 취소하다　　ヒント:음식, 약속

① Q: 여기에 앉아도 돼요?　A: 네, 앉아도 돼요.

② ＿＿＿＿＿＿＿＿＿＿＿＿＿＿＿＿

③ ＿＿＿＿＿＿＿＿＿＿＿＿＿＿＿＿

Lesson_37

면/으면 안 되다

~してはいけない

＊Lesson34～36と同じく、되어が돼に省略されている。

パッチム なし ▶ 면 안 돼요

休む	쉬다	▶	조금 쉬면 안 돼요?	少し休んではいけませんか?
動く	움직이다	▶	움직이면 안 돼요.	動いてはいけません。
起きる	일어나다	▶	늦게 일어나면 안 돼요.	遅く起きてはいけません。

パッチム あり ▶ 으면 안 돼요

遅れる	늦다	▶	늦으면 안 돼요.	遅れてはいけません。
写真を撮る	사진을 찍다	▶	여기에서 사진을 찍으면 안 돼요.	ここで写真を撮ってはいけません。
다の前のパッチムがㄹのときは면 안 돼요				
開ける	열다	▶	문을 열면 안 돼요.	ドア(扉)を開けたらいけません。
遊ぶ	놀다	▶	주말에 놀면 안 돼요.	週末に遊んではいけません。

하다 ▶ 면 안 돼요

あきらめる(放棄する)	포기하다	▶	포기하면 안 돼요.	あきらめてはいけません。
水泳する(泳ぐ)	수영하다	▶	여기에서 수영하면 안 돼요.	ここで泳いではいけません。
遅刻する	지각하다	▶	지각하면 안 돼요.	遅刻してはいけません。

PRACTICE

解答 ▶ 161ページ

1 次の単語を면/으면 안 돼요の形に書き換えましょう。

①사진을 찍다＿＿＿＿＿＿
写真を撮る

②떠들다＿＿＿＿＿＿
騒ぐ

③이야기하다＿＿＿＿＿＿
話す(얘기하다)

④소리를 지르다＿＿＿＿＿＿
声を張り上げる

⑤만지다＿＿＿＿＿＿
触る

⑥데리고 가다＿＿＿＿＿＿
連れて行く(데려가다)

⑦움직이다＿＿＿＿＿＿
動く

⑧보여주다＿＿＿＿＿＿
見せる

⑨데리고 오다＿＿＿＿＿＿
連れて来る (데려오다)

2 次の単語と면/으면 안 돼요を使って質問、도 돼요を使って答えになる会話文を作りましょう。

①들어가다 入る　Q: 지금 들어가면 안 돼요?　A: 들어와도 돼요.

②이거, 사다 これ, 買う　Q:＿＿＿＿＿＿　A:＿＿＿＿＿＿

③이 펜, 쓰다 このペン, 使う　Q:＿＿＿＿＿＿　A:＿＿＿＿＿＿

④사진을 찍다 写真を撮る　Q:＿＿＿＿＿＿　A:＿＿＿＿＿＿

⑤문, 열다 ドア, 開ける　Q:＿＿＿＿＿＿　A:＿＿＿＿＿＿

3 ここまでに登場した単語を使って、次の日本語を韓国語で書きましょう。

ヒント　여기(ここ)　교실(教室)　도서관(図書館)　컴퓨터(パソコン)　지하철(地下鉄)

①ここで寝てはいけません。　여기에서 자면 안 돼요.

②教室で歌を歌ってはいけません。＿＿＿＿＿＿

③図書館で話してはいけません。＿＿＿＿＿＿

④私のパソコンを使ってはいけません。＿＿＿＿＿＿

⑤地下鉄で騒いではいけません。＿＿＿＿＿＿

Lesson_38

ㄹ래요?/을래요?

～しますか?、～ませんか?、～します

＊疑問文ではないときは、ちょうど決めたことを伝えるニュアンス「～することにしました」になる。

パッチム なし ▶ ㄹ래요

寝る	자다	▶ 언제 잘래요?	いつ寝ますか?
見る	보다	▶ 무슨 영화를 볼래요?	何の映画を見ますか?
飲む	마시다	▶ 뭐 마실래요?	何を飲みますか?
		▶ 저는 물을 마실래요.	私は水を飲みます。

パッチム あり ▶ 을래요

食べる	먹다	▶ 뭐 먹을래요?	何(を)食べますか?
読む	읽다	▶ 잡지를 읽을래요?	雑誌を読みますか?
다の前のパッチムがㄹのときは래요			
売る	팔다	▶ 그 차를 저한테 팔래요?	その車を私に売りませんか?
作る	만들다	▶ 쿠키를 만들래요?	クッキーを作りませんか?
		▶ 아니요. 안 만들래요.	いいえ、作りません。

하다 ▶ ㄹ래요

水泳する	수영하다	▶ 바다에서 수영할래요?	海で泳ぎませんか?
デートする	데이트하다	▶ 주말에 데이트할래요?	週末にデートしませんか?
買い物する	쇼핑하다	▶ 같이 쇼핑할래요?	一緒に買い物しませんか?
		▶ 혼자 할래요.	ひとりでします。

PRACTICE

解答 ▶ 161ページ

1 次の単語をㄹ/을래요?の形に書き換えましょう。

①보다 ____________
見る

②오다 ____________
来る

③열다 ____________
開ける

④사귀다 ____________
付き合う

⑤먹다 ____________
食べる

⑥쇼핑하다 ____________
買い物する

⑦가다 ____________
行く

⑧마시다 ____________
飲む

⑨게임하다 ____________
ゲームする

2 次の単語とㄹ/을래요?を使いながら会話文を完成させましょう。

A. 오늘 뭐 ① ____________ ② ____________
今日は何をしますか? 買い物しますか?

B. 아니요. 귀찮아요. 귀찮다(面倒だ)
いいえ。面倒です。

A. 그럼 집에서 ③ ____________ 아니면, 그냥 ④ ____________
なら家でゲームしますか? それとも、ただ休みますか?

B. 그냥 집에서 게임하고 싶어요.
ただ家でゲームしたいです。

3 次の単語とㄹ/을래요?を使って疑問文を作りましょう。

①구경하다
観光する
저랑 서울 구경할래요?
私とソウル観光しますか?

②만나다
会う
____
今日会いますか?

③먹다
食べる
____
何を食べますか?

④사귀다
付き合う
____
私と付き合いますか?

⑤소풍가다
ピクニックに行く
____
ピクニックに行きますか?

Lesson_39

ㄹ까요?/을까요?

～しますか?、～しましょうか?

＊할래요?「しませんか?」と할까요?「(一緒に)しましょうか?」というニュアンスの違いがある。

パッチム なし ▶ ㄹ까요?

見る	보다	▶	영화를 볼까요?	映画を見ましょうか?
会う	만나다	▶	어디에서 만날까요?	どこで会いましょうか?
飲む	마시다	▶	뭐를 마실까요?	何を飲みましょうか?

パッチム あり ▶ 을까요?

食べる	먹다	▶	뭐를 먹을까요?	何を食べましょうか?
捕る	잡다	▶	모기를 잡을까요?	蚊を捕まえましょうか?
다の前のパッチムがㄹのときは까요				
売る	팔다	▶	어디에서 팔까요?	どこで売りましょうか?
遊ぶ	놀다	▶	언제 놀까요?	いつ遊びましょうか?

하다 ▶ ㄹ까요?

ショッピングする	쇼핑하다	▶	주말에 쇼핑할까요?	週末にショッピングしましょうか?
水泳する (泳ぐ)	수영하다	▶	오늘 수영할까요?	今日水泳しましょうか?
料理する	요리하다	▶	같이 요리할까요?	一緒に料理しましょうか?

PRACTICE

解答 ▶ 162ページ

1 次の単語をㄹ/을까요?の形に書き換えましょう。

①타다＿＿＿＿＿
乗る

②떠나다＿＿＿＿＿
離れる

③춤을 추다＿＿＿＿＿
踊りを踊る

④배우다＿＿＿＿＿
習う

⑤놀다＿＿＿＿＿
遊ぶ

⑥이야기하다＿＿＿＿＿
話する

⑦잡다＿＿＿＿＿
捕る、掴む

⑧마시다＿＿＿＿＿
飲む

⑨결혼하다＿＿＿＿＿
結婚する

2 次の単語とㄹ/을까요?を使いながら会話文を完成させましょう。

A. 오늘 뭐 ① 할까요 ?
今日は何をしますか?

B. 영화를 ②＿＿＿＿＿ 아니면, 놀이공원에 ③＿＿＿＿＿
映画を見ますか? それとも遊園地に行きますか?

A. ④＿＿＿＿＿ 그럼 어디에서 ⑤＿＿＿＿＿
遊園地に行きたいです。 ではどこで会いますか?

B. 서울역에서 ⑥＿＿＿＿＿
ソウル駅で会いましょう。

3 次の単語とㄹ/을까요?を使って疑問文を作りましょう。

①서울, 구경하다 ＿＿＿＿＿
ソウル, 観光する 私とソウル観光しますか?

②스페인어, 같이, 배우다 ＿＿＿＿＿
スペイン語, 一緒に, 学ぶ スペイン語を一緒に勉強しますか?

③수영장, 가다 ＿＿＿＿＿
水泳場(プール), 行く プールに行きますか?

④밥, 먹다 ＿＿＿＿＿
ごはん, 食べる ご飯を食べますか?

⑤같이, 숙제하다 ＿＿＿＿＿
一緒に, 宿題する 一緒に宿題しますか?

Lesson_40

는 게 어때요?

~したら（~するのは）どうですか？

パッチム なし ▶ 는 게 어때요?

会う	만나다	▶ 어디에서 만날까요?	どこで会いましょうか？
		▶ 명동에서 만나는 게 어때요?	明洞で会うのはどうですか？
飲む	마시다	▶ 목이 말라요.	喉が渇きます。
		▶ 물을 마시는 게 어때요?	水を飲んだらどうですか？

パッチム あり ▶ 는 게 어때요?

食べる	먹다	▶ 배고파요.	お腹がすきました。
		▶ 빵을 먹는 게 어때요?	パンを食べたらどうですか？
忘れる	잊다	▶ 여자친구에게 차였어요.	彼女にフラれました。
		▶ 빨리 잊는 게 어때요?	早く忘れたらどうですか？

다の前のパッチムがㄹで終わるときは、ㄹを取って는 게 어때요

開ける	열다	▶ 날씨가 덥네요.	天気が暑いですね。
		▶ 문을 여는 게 어때요?	ドアを開けたらどうですか？

하다 ▶ 는 게 어때요?

寄付する	기부하다	▶ 돈을 많이 벌었어요.	お金をたくさん稼ぎました。
		▶ 기부하는 게 어때요?	寄付したらどうですか？
運動する	운동하다	▶ 살이 조금 쪘어요.	少し太りました。
		▶ 운동하는 게 어때요?	運動したらどうですか？

PRACTICE

解答▶162ページ

1 次の単語を는 게 어때요?の形に書き換えましょう。

①쉬다 ＿＿＿＿
休む

②뛰다 ＿＿＿＿
走る

③잊다 ＿＿＿＿
忘れる

④열다 ＿＿＿＿
開ける

⑤짓다 ＿＿＿＿
建てる

⑥쓰다 ＿＿＿＿
書く、使う、被る

⑦배우다 ＿＿＿＿
習う

⑧닫다 ＿＿＿＿
閉める

⑨벌다 ＿＿＿＿
稼ぐ

⑩켜다 ＿＿＿＿
付ける

⑪끄다 ＿＿＿＿
消す

⑫부탁하다 ＿＿＿＿
お願いする

2 는 게 어때요?を使って次の会話文を完成させましょう。

ヒント
이태원(梨泰院)　샤부샤부(しゃぶしゃぶ)　바다(海)　10만 원(10万ウォン)
집(家)　액션 영화(アクション映画)　코트(コート)　아빠(おとうさん)

①어디에서 만날까요?
どこで会いましょうか?
이태원에서 만나는 게 어때요?

②오늘 저녁에 뭐를 먹을까요?
今日は夕飯に何を食べましょうか? ＿＿＿＿

③주말에 어디에 갈까요?
週末にどこに行きましょうか? ＿＿＿＿

④제 컴퓨터를 얼마에 팔까요?
私のパソコンをいくらで売りましょうか? ＿＿＿＿

⑤어디에서 놀까요?
どこで遊びましょうか? ＿＿＿＿

⑥무슨 영화를 볼까요?
どんな映画を見ましょうか? ＿＿＿＿

⑦무슨 옷을 살까요?
どんな服を買いましょうか? ＿＿＿＿

⑧누구한테 부탁할까요?
誰かに頼みましょうか? ＿＿＿＿

Lesson_41

(아마, 아마도) ~ㄹ걸요/을걸요

(たぶん)~と思いますよ

＊会話では아마도よりも아마が使われることが多い。

パッチム なし ▶ ㄹ걸요

終わる	끝나다	▶ 그 수업은 아마 11시에 끝날걸요.	その授業はたぶん11時に終わると思いますよ。
忙しい	바쁘다	▶ 나오키 씨는 오늘 바쁠걸요?	ナオキさんは今日は忙しいと思いますよ?
高い	비싸다	▶ 저 옷은 비쌀걸요.	あの服は高いと思いますよ。

パッチム あり ▶ 을걸요

いる	있다	▶ 노부선배는 아마 여자친구가 있을걸요?	ノブ先輩はたぶん彼女がいると思いますよ?
良い	좋다	▶ 좋을걸요?	いいと思いますよ?
面白い	재미있다	▶ 재미있을걸요?	面白いと思いますよ?
다の前のパッチムがㄹのときは걸요			
大変だ	힘들다	▶ 아마 힘들걸요.	多分大変だと思いますよ。
売る	팔다	▶ 한국에서 팔걸요.	韓国で売ると思いますよ。
다の前のパッチムがㅂのときは、ㅂを取って울걸요			
重い	무겁다	▶ 아마 무거울걸요.	多分重いと思いますよ。
寒い	춥다	▶ 한국의 10월은 추울걸요.	韓国の10月は寒いと思いますよ。

하다 ▶ ㄹ걸요

有名だ	유명하다	▶ 저 여자는 아마 유명할걸요.	あの女性はたぶん有名だと思いますよ。
結婚する	결혼하다	▶ 유카코 씨는 아마도 내년에 결혼할걸요?	ユカコさんはたぶん来年には結婚すると思いますよ?

PRACTICE

解答 ▶ 163ページ

1 次の単語をㄹ/을걸요?の形に書き換えましょう。

①자다＿＿＿＿＿＿＿＿
寝る

②하다＿＿＿＿＿＿＿＿
する

③쉽다＿＿＿＿＿＿＿＿
易しい

④열다＿＿＿＿＿＿＿＿
開ける

⑤착하다＿＿＿＿＿＿＿＿
善良だ

⑥어렵다＿＿＿＿＿＿＿＿
難しい

⑦돌아오다＿＿＿＿＿＿＿＿
帰ってくる

⑧재미없다＿＿＿＿＿＿＿＿
面白くない

⑨충분하다＿＿＿＿＿＿＿＿
十分だ、足りる

2 次の単語と아마/아마도 + ㄹ/을걸요?を使って会話文を完成させましょう。

①종경 씨는 차가 있어요?　＿＿＿＿＿＿＿＿(있다)
ジョンギョンさんは車があります(持っています)か?　たぶん車がある(持っている)と思いますよ。

②지연 씨는 남자친구가 있어요?　＿＿＿＿＿＿＿＿(없다)
ジヨンさんは彼氏がいますか?　たぶん彼氏はいないと思いますよ。

③창석 씨는 돈이 많아요?　＿＿＿＿＿＿＿＿(많다)
チャンソクさんはお金が多い(お金持ち)ですか?　たぶんお金が多い(お金持ち)だと思いますよ。

3 次の単語と아마/아마도 + 過去形 + ㄹ/을걸요?を使って会話文を完成させましょう。

ヒント:자다→잤다→잤을걸요(パッチムありの活用と同じ)

①수업은 끝났어요?　＿＿＿＿＿＿＿＿(끝나다)
授業は終わりましたか?　たぶん終わったと思いますよ。

②콘서트는 시작됐어요?　＿＿＿＿＿＿＿＿(시작되다)
コンサートは始まりましたか?　たぶん始まったと思いますよ。

4 次の単語と 아마/아마도 + 고 있다(進行形) + ㄹ/을걸요?を使って会話文を完成させましょう。

ヒント:고 있다→있을걸요(パッチムありの活用と同じ)

①그 친구는 지금 오고 있어요?　＿＿＿＿＿＿＿＿(오다)
その友達は今来ています(向かっています)か?　たぶん来ていると思いますよ。

②엄마는 지금 뭐 하고 있어요?　＿＿＿＿＿＿＿＿(자다)
お母さんは今何をしていますか?　たぶん寝ていると思いますよ。

Lesson_42

ㄹ/을 수 있다

～することができる

*ㄹ 수 있다「～ができる」(原形) + 어요 = ㄹ 수 있어요(現在形)

パッチム なし ▶ ㄹ 수 있어요

乗る	타다	▶ 자전거를 탈 수 있어요?	自転車に乗れますか?
		▶ 네, 탈 수 있어요.	はい、乗れます。
直す	고치다	▶ 제 오토바이를 고칠 수 있어요?	私のオートバイを直せますか?
		▶ 아니요, 못 고쳐요.	いいえ、直せません。

パッチム あり ▶ 을 수 있어요

読む	읽다	▶ 한국어를 읽을 수 있어요?	韓国語を読めますか?
		▶ 네, 조금 읽을 수 있어요.	はい、少し読めます。
食べる	먹다	▶ 매운 음식을 먹을 수 있어요?	辛い食べ物を食べられますか?
다の前のパッチムがㄹのときは수 있어요			
作る	만들다	▶ 저는 치즈를 만들 수 있어요.	私はチーズを作ることができます。
遊ぶ	놀다	▶ 오늘 놀 수 있어요.	今日、遊べます。

하다 ▶ ㄹ 수 있어요

注文する	주문하다	▶ 한국어로 주문할 수 있어요?	韓国語で注文できますか?
		▶ 네, 할 수 있어요.	はい、できます。
水泳する(泳ぐ)	수영하다	▶ 바다에서 수영할 수 있어요?	海で泳げますか?
料理する	요리하다	▶ 요리는 할 수 있는데 잘 못해요.	料理はできますが、下手です。

PRACTICE

解答 ▶ 163ページ

1 次の単語をㄹ/을 수 있어요の形に書き換えましょう。

①타다 탈 수 있어요.
乗る

②읽다 ＿＿＿＿
読む

③그림을 그리다 ＿＿＿＿
絵を描く

④만들다 ＿＿＿＿
作る

⑤요리하다 ＿＿＿＿
料理する

⑥일어나다 ＿＿＿＿
起きる

⑦이해하다 ＿＿＿＿
理解する

⑧하다 ＿＿＿＿
する

⑨운전하다 ＿＿＿＿
運転する

2 次の質問にあなた自身のことを答えましょう。

①프랑스어를 할 수 있어요? 네, 프랑스어를 할 수 있어요. / 아니요, 프랑스어를 못 해요.
프랑스어 フランス語

②일찍 일어날 수 있어요? ＿＿＿＿
일찍 早く

③운전할 수 있어요? ＿＿＿＿

3 次の単語と語群を使ってㄹ/을 수 있어요の会話文を作り、あなた自身のことを答えましょう。

요리하다 / 그리다 / 운전하다 / 하다 / 타다

①스케이트보드 Q: 스케이트보드를 탈 수 있어요? A: 네,저는 스케이트보드를 탈 수 있어요.
スケートボード

②한국말 ＿＿＿＿ ＿＿＿＿
韓国語

③버스 ＿＿＿＿ ＿＿＿＿
バス

④중국 음식 ＿＿＿＿ ＿＿＿＿
中華料理

⑤그림 ＿＿＿＿ ＿＿＿＿
絵

Lesson_43

ㄹ/을 줄 알다, 모르다

～(やり方、方法)が分かる、わからない

パッチム なし ▸ ㄹ 줄 알아요(分かる) / ㄹ 줄 몰라요 (分からない)

弾く	치다	▸ 피아노를 칠 줄 알아요?	ピアノを弾けますか(弾き方を知っていますか)?
		▸ 아니요, 칠 줄 몰라요.	いいえ。弾けません(弾き方を知りません)。
絵を描く	그림을 그리다	▸ 그림을 그릴 줄 알아요?	絵の描き方を知っていますか?
教える	가르치다	▸ 아이들을 가르칠 줄 알아요?	子供達への教え方を知っていますか?

パッチム あり ▸ 을 줄 알아요 / 을 줄 몰라요

撮る	찍다	▸ 사진을 찍을 줄 알아요?	写真の撮り方を知っていますか?
		▸ 사진을 찍을 줄 몰라요.	写真の撮り方を知りません。
読む	읽다	▸ 일본어를 읽을 줄 알아요?	日本語の読み方を知っていますか?
다の前のパッチムがㄹのときは줄 알아요			
作る	만들다	▸ 케익을 만들 줄 알아요?	ケーキの作り方を知っていますか?
解く	풀다	▸ 이 문제를 풀 줄 알아요?	この問題の解き方を知っていますか?

하다 ▸ ㄹ 줄 알아요 / ㄹ 줄 몰라요

する	하다	▸ 스페인어를 할 줄 알아요?	スペイン語ができますか?
		▸ 스페인어를 할 줄 몰라요.	スペイン語ができません。
使用する	사용하다	▸ 카메라를 사용할 줄 알아요?	カメラの使い方を知っていますか?
運転する	운전하다	▸ 자동차를 운전할 줄 알아요?	自動車を運転できますか?

PRACTICE

解答 ▶ 163ページ

1 次の単語をㄹ/을 줄 알아요, 몰라요の形に書き換えましょう。

①고치다 고칠 줄 알아요.
直す 고칠 줄 몰라요.

②주문하다 ______
注文する ______

③읽다 ______
読む ______

④치다 ______
(楽器を)弾く ______

⑤수영하다 ______
水泳する ______

⑥쓰다 ______
書く、使う、被る ______

⑦하다 ______
する ______

⑧만들다 ______
作る ______

⑨연주하다 ______
演奏する ______

2 次の質問にㄹ/을 줄 알아요, 몰라요を使ってあなた自身のことを答えましょう。

①한국어로 주문할 줄 알아요? 네(아니요), 한국어로 주문할 줄 알아요(몰라요).
はい(いいえ)、韓国語で注文のしかたを知っています(知りません)。

②샌드위치를 만들 줄 알아요? ______
샌드위치 サンドウィッチ

③바이올린을 연주할 줄 알아요? ______
바이올린 バイオリン

3 次の単語と語群を使ってㄹ/을 줄 알아요, 몰라요の会話文を作りましょう。返答はあなた自身のことを答えてみましょう

하다 / 하다 / 치다 / 타다 / 타다

①스키 Q: 스키를 탈 줄 알아요? A:아니요. 저는 스키를 탈 줄 몰라요.
スキー

②한국어 ______
韓国語(=한국말)

③스노우보드 ______
スノーボード

④수영 ______
水泳

⑤드럼 ______
ドラム

Lesson_44

본 적이 있다, 어/해 본 적이 있다

～してみたことがある

＊보다(見る) ＋ ㄴ 적이 있다(したことがある) ＋ 어요 ＝ 본 적이 있어요
＊会話では본 적이の이を取って본 적 있다の形で使われることが多い。

パッチム なし ▶ 본 적이 있다 / 없다

行く	가다	▶ 하와이에 가 본 적이 있어요?	ハワイに行ってみたことがありますか?
		▶ 네, 가 본 적이 있어요.	はい。行ってみたことがあります。
会う	만나다	▶ 그 여자를 만나 본 적이 있어요?	その女の人に会ってみたことがありますか?
乗る	타다	▶ 비행기를 타 본 적이 없어요?	飛行機に乗ってみたことがないんですか?

パッチム あり ▶ 어 본 적이 있다 / 없다

食べる	먹다	▶ 삼겹살을 먹어 본 적이 있어요?	サムギョプサルを食べてみたことがありますか?
		▶ 네, 있어요.	はい、あります。
読む	읽다	▶ 해리포터를 읽어 본 적이 없어요?	ハリーポッターを読んでみたことがないんですか?
다の前の母音がㅏ、ㅗのときは아 본 적이 있어요			
住む	살다	▶ 해외에서 살아 본 적이 있어요?	海外で住んでみたことがありますか?
遊ぶ	놀다	▶ 오사카에서 놀아 본 적이 있어요?	大阪で遊んでみたことがありますか?

하다 ▶ 해 본 적이 있다 / 없다

考える	생각하다	▶ 결혼에 대해서 생각 해 본 적이 있어요?	結婚について考えてみたことがありますか?(에 대해서:～について)
		▶ 아니요, 없어요.	いいえ、無いです。
ダイエットする	다이어트하다	▶ 다이어트 해 본 적이 있어요?	ダイエットしてみたことがありますか?

PRACTICE

解答 ▶ 164ページ

1 次の単語を 본 적이 있어요/없어요の形に書き換えましょう。

①사귀다 사귀어 본 적이 있어요.
付き合う 사귀어 본 적이 없어요.

②수영하다 ＿＿＿＿
水泳する ＿＿＿＿

③데이트하다 ＿＿＿＿
デートする ＿＿＿＿

※사귀다は例外の活用。다を取って어 본 적이～の形になります。

④입다 ＿＿＿＿
着る ＿＿＿＿

⑤쫓겨나다 ＿＿＿＿
追い出される

⑥잃어버리다 ＿＿＿＿
失う ＿＿＿＿

⑦빌리다 ＿＿＿＿
借りる ＿＿＿＿

⑧생각하다 ＿＿＿＿
考える ＿＿＿＿

⑨다이어트하다 ＿＿＿＿
ダイエットする ＿＿＿＿

2 次の単語と본 적이 있어요/없어요を使って会話文を完成させましょう。返答はあなた自身のことを答えてみましょう。

① 한복, 입다
韓服, 着る
Q: 한복을 입어 본 적이 있어요?　A: 아니요, 한복을 입어 본 적이 없어요.

② 여자친구, 사귀다
彼女, 付き合う ＿＿＿＿

③ 돈, 빌리다
お金, 借りる ＿＿＿＿

④ 알바, 하다
アルバイト, する ＿＿＿＿

⑤ 여권, 잃어버리다
旅券(パスポート), 失くす ＿＿＿＿

⑥ 오토바이, 타다
オートバイ, 乗る ＿＿＿＿

⑦ 영국, 놀다
英国, 遊ぶ ＿＿＿＿

⑧ 바다, 수영하다
海, 泳ぐ ＿＿＿＿

⑨ 집, 쫓겨나다
家, 追い出される ＿＿＿＿

⑩ 김밥, 먹다
キンパ, 食べる ＿＿＿＿

Lesson_45
봤어요, 어/해 봤어요
～してみました / ～してみましたか?

*現在形と同じように作ることができる。(→p.28)
*動詞の現在形+보다 + 았다(過去形) + 어요 = 봤어요

パッチムなし ▶ 봤어요

行く	가다	▶ 서울에 가 봤어요?	ソウルに行ってみましたか?
		▶ 네, 가 봤어요.	はい、行ってみました。
乗る	타다	▶ 말을 타 봤어요.	馬に乗ってみました。
会う	만나다	▶ 그 남자를 만나 봤어요?	その男の人に会ってみましたか?

パッチムあり ▶ 어 봤어요

食べる	먹다	▶ 갈비를 먹어 봤어요?	カルビを食べてみましたか?
		▶ 당연하죠! 너무 맛있었어요.	もちろんですよ!とてもおいしかったです。
読む	읽다	▶ 이 책을 읽어 봤어요?	この本を読んでみましたか?
다の前の母音がㅏ、ㅗのときは아 봤어요			
住む	살다	▶ 영국에서 살아 봤어요.	イギリスに住んでみました。
遊ぶ	놀다	▶ 중국에서 놀아 봤어요.	中国で遊んでみました。

하다 ▶ 해 봤어요

考える	생각하다	▶ 미래에 대해서 생각해 봤어요?	未来(将来)について考えてみましたか?
		▶ 충분히 생각해 봤어요.	十分に考えてみました(考えました)。
想像する	상상하다	▶ 상상해 봤어요?	想像してみましたか?
する	하다	▶ 해 봤어요?	してみましたか?

PRACTICE

解答 ▶ 164ページ

1 次の単語と語群を使って어/해 봤어요?の文章を作りましょう。

마시다 / 이야기하다(얘기하다) / 가다 / 듣다 / 입다 / 읽다 / 가르치다 / 타다 / 먹다

①비빔밥 비빔밥을 먹어 봤어요?
ビビンバ ビビンバを食べてみましたか?

②해리포터 ＿＿＿＿
ハリーポッター ハリーポッターを読んでみましたか?

③홍콩 ＿＿＿＿
香港 香港に行ってみましたか?

④비행기 ＿＿＿＿
飛行機 飛行機に乗ってみましたか?

⑤드레스 ＿＿＿＿
ドレス ドレスを着てみましたか?

⑥친구 ＿＿＿＿
友達 友だちと話してみましたか?

⑦영어 ＿＿＿＿
英語 英語を教えてみましたか?

⑧노래 ＿＿＿＿
歌 歌を聞いてみましたか?

⑨커피 ＿＿＿＿
コーヒー コーヒーを飲んでみましたか?

2 次の質問に어/해 봤어요を使ってあなた自身のことを答えましょう。

ヒント 태국(タイ) 트럭(トラック) 스카이다이빙(スカイダイビング) 녹차(緑茶) 스키(スキー)

①태국에 가 봤어요? 네, 태국에 가 봤어요. / 아니요, 태국에 안 가 봤어요.

②트럭을 운전해 봤어요? ＿＿＿＿

③스카이다이빙을 해 봤어요? ＿＿＿＿

④녹차를 마셔 봤어요? ＿＿＿＿

⑤스키를 타 봤어요? ＿＿＿＿

Lesson_46

보다 活用の復習

～してみてください　보다 + 아요 = 봐요

行く	가다	▸	제주도에 가 봐요.	済州島に行ってみてください。
挑戦する	도전하다	▸	도전해 봐요.	挑戦してみてください。

～してみたいです　보다 + 고 싶다 + 어요 = 보고 싶어요

乗る	타다	▸	비행기를 타 보고 싶어요.	飛行機に乗ってみたいです。
着る	입다	▸	한복을 입어 보고 싶어요.	韓服を着てみたいです。

～してみますね　보다 + ㄹ게요 = 볼게요

探す	찾다	▸	찾아 볼게요.	探してみますね。
考える	생각하다	▸	생각해 볼게요.	考えてみますね。

～してみましょうか?　보다 + ㄹ까요 = 볼까요

作る	만들다	▸	만들어 볼까요?	作ってみましょうか?
話す	얘기하다	▸	제가 얘기해 볼까요?	私が話してみましょうか?

～してもいいですか?　보다 + 아도 돼요 = 봐도 돼요

聞く(質問する)	묻다	▸	물어봐도 돼요?	聞いてみても(質問しても)いいですか?
質問する	질문하다	▸	질문해봐도 돼요?	質問してみてもいいですか?

PRACTICE

解答▶165ページ

1 次の単語を～봐요の形(現在形)に書き換えましょう。

①하다＿＿＿＿＿ ②웃다＿＿＿＿＿ ③찾다＿＿＿＿＿
する 笑う 探す
④만나다＿＿＿＿＿ ⑤보내다＿＿＿＿＿ ⑥마시다＿＿＿＿＿
会う 送る 飲む

2 次の単語を～보고 싶어요の形に書き換えましょう。

①먹다＿＿＿＿＿ ②하다＿＿＿＿＿ ③말하다＿＿＿＿＿
食べる する 言う
④입다＿＿＿＿＿ ⑤사랑하다＿＿＿＿＿ ⑥도전하다＿＿＿＿＿
着る 愛する 挑戦する

3 次の単語を～볼게요の形に書き換えましょう。

①하다＿＿＿＿＿ ②묻다＿＿＿＿＿ ③고치다＿＿＿＿＿
する 問う、尋ねる、聞く 直す
④찾다＿＿＿＿＿ ⑤고백하다＿＿＿＿＿ ⑥이해하다＿＿＿＿＿
探す 告白する 理解する

4 次の単語を～볼까요?の形に書き換えましょう。

①가다＿＿＿＿＿ ②하다＿＿＿＿＿ ③먹다＿＿＿＿＿
行く する 食べる
④신청하다＿＿＿＿＿ ⑤연습하다＿＿＿＿＿ ⑥시작하다＿＿＿＿＿
申請する 練習する 始める

5 次の単語を～봐도 돼요の形に書き換えましょう。

①하다＿＿＿＿＿ ②묻다＿＿＿＿＿ ③입다＿＿＿＿＿
する 問う、尋ねる、聞く 着る
④만지다＿＿＿＿＿ ⑤마시다＿＿＿＿＿ ⑥쓰다＿＿＿＿＿
触る 飲む 書く、使う、被る

Lesson_47

네요

～ですね

パッチムなし & あり & 하다 ▶ 네요

高い	비싸다	▶	와, 10,000원은 좀 비싸네요.	わあ、1万ウォンはちょっと高いですね。
幼い	어리다	▶	20살이요? 엄청 어리네요!	20歳ですか?すごく若いですね!
しょっぱい	짜다	▶	다 맛있는데, 찌개는 짜네요.	全部おいしいですが、チゲはしょっぱいですね。
おいしい	맛있다	▶	이거 되게 맛있네요!	これ、とてもおいしいですね!
易しい	쉽다	▶	이거 진짜 쉽네요?	これ(は)とても簡単ですね?
難しい	어렵다	▶	너무 어렵네요...	難しすぎます(とても難しいです)ね……

다の前のパッチムがㄹのときは、ㄹを取って네요

甘い	달다	▶	설탕을 너무 많이 넣어서 다네요.	砂糖をたくさん入れすぎて甘いですね。
不思議だ	신기하다	▶	완전히 신기하네요!	すごく不思議ですね!
疲れた	피곤하다	▶	오늘 너무 피곤하네요.	今日(は)とても疲れますね。
似ている	비슷하다	▶	나이가 비슷하네요?	歳が似てます(同じくらいです)ね?

動詞 ▶ 네요

動く	움직이다	▶	로봇이 움직이네요?	ロボットが動いていますね?
買う	사다	▶	어? 핸드폰 샀네요?	お、携帯(を)買ったんですね?
切る	자르다	▶	머리를 잘랐네요?	髪を切ったんですね?

名詞 ▶ 네요/이네요

子犬	강아지	▶	귀여운 강아지네요!	かわいい子犬ですね!
トカゲ	도마뱀	▶	도마뱀이네요?	トカゲですね?

PRACTICE

解答 ▶ 165ページ

1 次の単語を네요の形に書き換えましょう。

①춥다＿＿＿＿＿＿
寒い

②덥다＿＿＿＿＿＿
暑い

③쉽다＿＿＿＿＿＿
易しい

④그립다＿＿＿＿＿＿
恋しい

⑤예쁘다＿＿＿＿＿＿
きれいだ

⑥귀엽다＿＿＿＿＿＿
かわいい

⑦간단하다＿＿＿＿＿＿
簡単だ

⑧대단하다＿＿＿＿＿＿
すごい

⑨불쌍하다＿＿＿＿＿＿
かわいそうだ

2 次の単語を았네요/었네요/했네요の形(過去形)に書き換えましょう。

①오다＿＿＿＿＿＿
来る

②있다＿＿＿＿＿＿
ある

③사다＿＿＿＿＿＿
買う

④찾다＿＿＿＿＿＿
探す

⑤버리다＿＿＿＿＿＿
捨てる

⑥잘하다＿＿＿＿＿＿
上手だ

⑦도망가다＿＿＿＿＿＿
逃げる

⑧연습하다＿＿＿＿＿＿
練習する

⑨실수하다＿＿＿＿＿＿
ミスする(間違える)

3 次の語群から適当なものを選び네요を使って会話文を完成させましょう。

비싸다 / 없다 / 귀엽다 / 잘하다 / 대단하다 / 어리다

①A: 노르웨이에서 햄버거가 13,000원이에요.
ノルウェーではハンバーガーが13,000ウォンです。
B: 엄청＿＿＿＿＿＿
とても高いですね。

②A: 저는 영어, 중국어, 일본어, 한국어를 할 수 있어요.
私は英語、中国語、日本語、韓国語を(が)できます。
B: ＿＿＿＿＿＿
すごいですね。

③A: 이 강아지는 정말＿＿＿＿＿＿
この子犬はとてもかわいいですね。
B: 키우고 싶어요.
飼いたい(育てたい)です。

④A: 한국말을＿＿＿＿＿＿
韓国語を(が)上手ですね。
B: 아니에요. 아직 잘 못 해요.
いいえ。まだ下手です。

⑤A: 저는 15살이에요.
私は15歳です。
B: ＿＿＿＿＿＿
お若いですね。

⑥A: 오늘 사람이＿＿＿＿＿＿
今日(は)人がいないですね。
B: 네, 너무 심심해요.
はい、とても退屈です。

Lesson_48

지요(죠)

～でしょう?、もちろんそうです

＊지요が短縮され、죠/이죠の形で使われることがほとんど。
＊疑問形で使うと「～でしょう?」、応答として使うと「(当たり前に)そうです」という意味になる。

パッチムなし & あり & 하다 ▶ 죠

忙しい	바쁘다	▶ 요즘 바쁘죠?	最近忙しいでしょう?
		▶ 바쁘죠…	忙しいですよ……
痛い	아프다	▶ 많이 아프죠?	すごく痛いでしょう?

良い	좋다	▶ 이거 좋죠?	これ、良いでしょう?
		▶ 당연히 좋죠 !	当然に(もちろん)良いですね!
嫌いだ	싫다	▶ 언니, 저 싫죠?	お姉さん、私(のこと)嫌いでしょう?
合う	맞다	▶ 제 말이 맞죠?	私が話が合っているでしょう?(言った通りでしょう?)
わかる	알다	▶ 이거 뭔지 알죠?	これが何か分かるでしょう?

好きだ	좋아하다	▶ 야구 좋아하죠?	野球好きでしょう?
当然だ	당연하다	▶ 당연하죠!	当然でしょう!

名詞 ▶ 죠 / 이죠

友達	친구	▶ 둘이 친구죠?	2人(は)友達でしょう?
		▶ 친구죠 !	もちろん友達です!
誕生日	생일	▶ 오늘 생일이죠?	今日誕生日でしょう?

PRACTICE

解答 ▶ 166ページ

1 次の単語を죠の形に書き換えましょう。

①춥다＿＿춥죠.＿＿
寒い
②덥다＿＿＿＿
暑い
③쉽다＿＿＿＿
易しい
④같다＿＿＿＿
同じだ
⑤어렵다＿＿＿＿
難しい
⑥비싸다＿＿＿＿
高い
⑦귀엽다＿＿＿＿
かわいい
⑧다르다＿＿＿＿
異なる
⑨간단하다＿＿＿＿
簡単だ
⑩대단하다＿＿＿＿
すごい
⑪복잡하다＿＿＿＿
複雑だ
⑫많다＿＿＿＿
多い

2 次の単語を㐅죠/었죠の形(過去形)に書き換えましょう。

①가다＿＿갔죠.＿＿
行く
②손을 잡다＿＿＿＿
手をつなぐ
③돌아다니다＿＿＿＿
歩き回る
④만나다＿＿＿＿
会う
⑤마시다＿＿＿＿
飲む
⑥사진을 찍다＿＿＿＿
写真を撮る

3 次の単語をㄹ/을 거죠の形(未来形)に書き換えましょう。

①오다＿＿＿＿
来る
②여행하다＿＿＿＿
旅行する
③숙제하다＿＿＿＿
宿題する
④배우다＿＿＿＿
習う
⑤기억하다＿＿＿＿
覚える
⑥연습하다＿＿＿＿
練習する

4 次の単語を죠の形に変えて、返答として合うものと線で繋ぎましょう。

①쉽다　易しい(簡単だ)　＿＿＿＿・　　・네, 어제 너무 늦게 잤어요.

②시끄럽다　うるさい　＿＿＿＿・　　・아니요, 조금 전에 빵을 먹었어요.

③피곤하다　疲れる　＿＿＿＿・　　・아니요, 너무 어려워요.

④배고프다　空腹だ　＿＿＿＿・　　・네, 귀가 아파요.

⑤같다　同じだ　＿＿＿＿・　　・아니요, 달라요.

Lesson_49

ㄴ/은

～い、～な①

パッチム なし ▸ ㄴ

忙しい	바쁘다	▸ 저는 바쁜 사람이에요.	私は忙しい人です。
きれいだ	예쁘다	▸ 예쁜 옷을 사고 싶어요.	綺麗な(可愛い)服を買いたいです。
大きい	크다	▸ 큰 박스가 필요해요.	大きいボックス(箱)が必要です。

パッチム あり ▸ 은

小さい	작다	▸ 작은 사이즈 있어요?	小さいサイズ(は)ありますか?
良い	좋다	▸ 좋은 카메라를 쓰고 싶어요.	良いカメラを使いたいです。
(高さが)高い	높다	▸ 높은 빌딩이 많이 있어요.	高いビルがたくさんあります。

하다 ▸ ㄴ

善良だ(やさしい)	착하다	▸ 착한 사람과 사귀고 싶어요.	やさしい人と付き合いたいです。
親しい	친하다	▸ 친한 친구랑 가고 싶어요.	親しい友達と行きたいです。

例外

있다 → 있는 ▸	美味しい 맛있다	맛있는 음식을 먹고 싶어요.	美味しい食べ物を食べたいです。
없다 → 없는 ▸	美味しくない 맛없다	맛없는 음식은 싫어요.	おいしくない食べ物(料理)は嫌いです。
ㄹ → ㄹを取ってㄴ ▸	長い 길다	긴 머리가 잘어울려요.	長い髪がよく似合っています。
ㅂ → ㅂを取って운 ▸	冷たい 차갑다	차가운 우유를 못 마셔요.	冷たい牛乳を飲めません。

PRACTICE

解答 ▶ 166ページ

1 ㄴ/은を使った形に書き換えましょう。

①크다	큰 개	개	②많다	＿＿＿	사람	③맛있다	＿＿＿	음식
大きい		犬	多い		人	おいしい		食べ物
④착하다	＿＿＿	남자	⑤더럽다	＿＿＿	집	⑥친하다	＿＿＿	친구
善良だ		男	汚い		家	親しい		友達
⑦이상하다	＿＿＿	냄새	⑧깨끗하다	＿＿＿	방	⑨똑똑하다	＿＿＿	선생님
変だ		におい	きれい(清潔)だ		部屋	賢い		先生

2 次の語群から適当なものを選びㄴ/은を使って文章を完成させましょう。

맛있다 / 친하다 / 예쁘다 / 크다 / 차갑다 / 있다 / 조용하다 / 꿈이 있다

①＿＿＿＿＿＿ 음식을 먹고 싶어요.
おいしい食べ物を食べたいです。

②저는 ＿＿＿＿＿＿ 친구가 3명 있어요.
私は親しい友人が3人います。

③남자들은 ＿＿＿＿＿＿ 여자를 좋아해요.
男性たちは綺麗な女性が好きです。

④여자들은 키가 ＿＿＿＿＿＿ 남자를 좋아해요.
女性たちは背が大きい男性が好きです。

⑤＿＿＿＿＿＿ 우유를 못 마셔요.
冷たい牛乳は飲めません。

⑥저기에 ＿＿＿＿＿＿ 사람은 누구예요?
そこにいる人は誰ですか?

⑦저는 ＿＿＿＿＿＿ 곳에서 살고 싶어요.
私は静かなところに住みたいです。

⑧＿＿＿＿＿＿ 사람은 행복해요.
夢がある人は幸せです。

Lesson_50

는, ㄴ/은, ㄹ/을

~い、~な②

現在形 ▶ パッチムあり&なし&하다→는

見る	보다	▶ 제가 요즘 보는 드라마예요.	私が最近見るドラマです。
食べる	먹다	▶ 저는 잘 먹는 여자를 좋아해요.	私はよく食べる女の人が好きです。
다の前のパッチムがㄹのときは、ㄹを取って는			
住む	살다	▶ 저는 인천에서 사는 사람이에요.	私は仁川(インチョン)に住んでいる人です。
料理する	요리하다	▶ 요리하는 남자를 좋아해요.	料理(を)する男の人が好きです。

過去形 ▶ パッチムなし→ㄴ　パッチムあり→은

買う	사다	▶ 차를 산 남자	車を買った男の人
着る	입다	▶ 드레스를 입은 여자	ドレスを着た女の人
다の前のパッチムがㄹのときは、ㄹを取ってㄴ			
作る	만들다	▶ 만든 의자	作った椅子
注文する	주문하다	▶ 주문한 제품	注文した製品

未来形 ▶ パッチムなし→ㄹ　パッチムあり→을

買う	사다	▶ 마트에서 살 것	スーパーで買うもの
読む	읽다	▶ 다음 주에 읽을 책	来週読む本
다の前のパッチムがㄹのときは다を取る			
売る	팔다	▶ 팔 물건	売るもの
する	하다	▶ 내일 할 것	明日すること

PRACTICE

解答▶166ページ

1 는を使った現在形に書き換えましょう。

①가다 가는 데 데
行く ところ(場所)

②만나다＿＿＿ 사람
会う 人

③요리하다＿＿＿ 엄마
料理する お母さん

④팔다＿＿＿ 친구
売る 友達

⑤일하다＿＿＿ 남자
働く 男

⑥청소하다＿＿＿ 누나
掃除する 姉(男性の場合)

2 次の単語をㄴ/은を使った過去形に書き換えましょう。

①먹다＿＿＿ 음식
食べる 食べ物

②버리다＿＿＿ 쓰레기
捨てる ゴミ

③졸업하다＿＿＿ 학생
卒業する 学生

④받다＿＿＿ 선물
もらう プレゼント

⑤예약하다＿＿＿ 손님
予約する お客さん

⑥결혼하다＿＿＿ 남자
結婚する 男

3 次の単語をㄹ/을を使った未来形に書き換えましょう。

①받다＿＿＿ 돈
受け取る(もらう) お金

②입다＿＿＿ 옷
着る 服

③준비하다＿＿＿ 시간
準備する 時間

④주다＿＿＿ 선물
あげる プレゼント

⑤쓰다＿＿＿ 물건
使う もの

⑥주문하다＿＿＿ 음식
注文する 食べ物

4 次の語群から適当なものを選び는,ㄴ/은,ㄹ/을を使って文章を完成させましょう。

일하다 / 거짓말하다 / 주문하다 / 예약하다 / 쓰다

①열심히 ＿＿＿＿ 남자는 멋있어요.
一生懸命働く男性はかっこいいです。

②＿＿＿＿ 사람을 싫어해요.
嘘をつく人は嫌いです。

③＿＿＿＿ 물건이 도착했어요.
注文したものが届きました。

④＿＿＿＿ 호텔을 취소했어요.
予約したホテルをキャンセルしました。

⑤한국에서 ＿＿＿＿ 돈을 환전했어요.
韓国で使うお金を両替しました。

Lesson_51

것 같다

～のようだ、～だったようだ、～だと思う①

名詞

- 現在のことは인 것 같아요.
- 過去のことは였던 것 같아요.(パッチムありは이었던 것 같아요.)
- 未来や推測のことは일 것 같아요.

医者　의사	【現在】	▶	의사인 것 같아요.	医者のようです。
	【過去】	▶	의사였던 것 같아요.	医者だったようです。
	【推測】	▶	의사일 것 같아요.	医者だろうと思います。
警察　경찰	【現在】	▶	경찰인 것 같아요.	警察のようです。
	【過去】	▶	경찰이었던 것 같아요.	警察だったようです。
	【推測】	▶	경찰일 것 같아요.	警察だろうと思います。

形容詞

- 現在のことはㄴ 것 같다 (パッチムありは은 것 같다)
- 過去のことはㅆ던 것 같다 (パッチムありは었/았던 것 같다)
- 未来や推測のことはㄹ 것 같다 (パッチムありは을 것 같다)

忙しい　바쁘다	【現在】	▶	바쁜 것 같아요.	忙しいようです。
	【過去】	▶	바빴던 것 같아요.	忙しかったみたいです。
	【推測】	▶	바쁠 것 같아요.	忙しいんだろうと思います。
良い　좋다	【現在】	▶	좋은 것 같아요.	良いと思います。
	【過去】	▶	좋았던 것 같아요.	良かったみたいです。
	【未来】	▶	좋을 것 같아요.	良さそうです。

PRACTICE

解答▶167ページ

1 次の単語を인/ㄴ/은 것 같아요の形に書き換えましょう。

①초등학생＿＿＿＿
小学生
②중학생＿＿＿＿
中学生
③고등학생＿＿＿＿
高校生
④대학생＿＿＿＿
大学生
⑤20살＿＿＿＿
二十歳
⑥아기＿＿＿＿
赤ちゃん
⑦예쁘다＿＿＿＿
綺麗だ
⑧비싸다＿＿＿＿
高い(値段)
⑨늦다＿＿＿＿
遅い

2 次の単語を～것 같아요の形(過去形)に書き換えましょう。

①초보자＿＿＿＿
初心者
②천재＿＿＿＿
天才
③외국인＿＿＿＿
外国人
④따뜻하다＿＿＿＿
暖かい
⑤모르다＿＿＿＿
知らない
⑥좋다＿＿＿＿
良い

3 次の単語を～것 같아요の形(未来形)に書き換えましょう。

①경찰＿＿＿＿
警察
②공무원＿＿＿＿
公務員
③사장님＿＿＿＿
社長
④선배＿＿＿＿
先輩
⑤후배＿＿＿＿
後輩
⑥있다＿＿＿＿
ある
⑦없다＿＿＿＿
ない
⑧세다＿＿＿＿
強い
⑨차갑다＿＿＿＿
冷たい

4 次の単語を使って現在形の文章を作りましょう。

①예쁘다 きれいだ
이 옷이 어때요? 제가 보기에는 ＿＿＿＿
この服はどうですか? 私が見るにきれいだと思います。

②비싸다 (値段が)高い
근데 조금 ＿＿＿＿
ですがちょっと高いと思います。

③크다 大きい
그리고 사이즈도 조금 ＿＿＿＿
そしてサイズもちょっと大きいようです。

Lesson_52

것 같다

~のようだ、~だったようだ、~だと思う②

動詞

- 現在形は는 것 같다
- 過去形はㄴ/은 것 같다
- 未来形や推測はㄹ/을 것 같다　※未来と推測の使い分けは文脈次第。

パッチム なし

来る　오다	【現在】	▸	오는 것 같아요.	来るようです。(今来ているところ)
	【過去】	▸	온 것 같아요.	来たようです。
	【未来/推測】	▸	올 것 같아요.	来るようです。(これから来る)

パッチム あり

探す　찾다	【現在】	▸	찾는 것 같아요.	探すようです。(今探しているところ)
	【過去】	▸	찾은 것 같아요.	探したようです。
	【未来/推測】	▸	찾을 것 같아요.	探すようです。(これから探す)

하다

出発する　출발하다	【現在】	▸	버스가 출발하는 것 같아요.	バスが出発するようです。(今出発するところ)
	【過去】	▸	버스가 출발한 것 같아요.	バスが出発したようです。
	【未来/推測】	▸	버스가 출발할 것 같아요.	バスが出発するようです。(これから出発する)

PRACTICE

解答 ▶ 168ページ

1 次の単語を는 것 같아요の形(現在形)に書き換えましょう。

①잘하다＿＿＿＿＿＿
上手だ
②못하다＿＿＿＿＿＿
下手だ
③싸우다＿＿＿＿＿＿
喧嘩する
④청소하다＿＿＿＿＿＿
掃除する
⑤쳐다보다＿＿＿＿＿＿
見つめる
⑥기다리다＿＿＿＿＿＿
待つ
⑦만들다＿＿＿＿＿＿
作る
⑧씻다＿＿＿＿＿＿
洗う、シャワーする
⑨거짓말하다＿＿＿＿＿＿
嘘をつく

2 次の単語をㄴ/은 것 같아요の形(過去形)に書き換えましょう。

①화해하다＿＿＿＿＿＿
仲直りする
②실수하다＿＿＿＿＿＿
間違える
③화나다＿＿＿＿＿＿
怒る
④버리다＿＿＿＿＿＿
捨てる
⑤지치다＿＿＿＿＿＿
疲れ果てる
⑥죽다＿＿＿＿＿＿
死ぬ

3 次の単語をㄹ/을 것 같아요の形(未来形・推測)に書き換えましょう。

①걸리다＿＿＿＿＿＿
かかる(時間)
②쓰러지다＿＿＿＿＿＿
(人が)倒れる
③토하다＿＿＿＿＿＿
吐く
④도착하다＿＿＿＿＿＿
到着する
⑤나오다＿＿＿＿＿＿
出てくる
⑥늦다＿＿＿＿＿＿
遅れる

4 次の単語を使って会話に会う表現を作り、日本語に訳してみましょう。

①늦다
遅れる
조금＿＿＿＿＿＿ 미안해요.(推測)
조금:すこし

②걸리다
(時間が)かかる
얼마나＿＿＿＿＿＿(推測)

③도착하다
到着する
한 10분 후에＿＿＿＿＿＿(推測)
한:だいたい

④싸우다
喧嘩する
거리에서 커플이＿＿＿＿＿＿(現在)
거리:計画通り　커플:カップル

⑤화해하다
仲直りする
이제 조용하네요.＿＿＿＿＿＿(過去)
이제:もう

Lesson_53

세요/으세요

～してください、～しなさい

＊「～してください」(許可)と「～しなさい」(命令)は文脈次第で使い分ける。

パッチム なし ▶ 세요

行く	가다	▶	시간이 늦었어요. 가세요.	時間が遅い(遅い時間)です。行き(帰り)なさい。
あげる	주다	▶	제 가방이에요. 저한테 주세요.	私の鞄です。私にください。

パッチム あり ▶ 으세요

座る	앉다	▶	여기에 앉으세요.	ここに座ってください。
笑う	웃다	▶	사진을 찍을게요. 웃으세요.	写真を撮りますね。笑ってください。
		▶	그만 웃으세요.	笑うのをやめなさい。
다の前のパッチムがㄹのときは、ㄹをとって세요				
作る	만들다	▶	가능한 한 빨리 만드세요.	なるべく早く作ってください。
開ける	열다	▶	지금 당장 문을 여세요.	今すぐドアを開けなさい。
다の前のパッチムがㅂ, ㄷの単語は、不規則に変化する。				
横になる	눕다	▶	천천히 누우세요.	ゆっくり横になってください。
聞く	듣다	▶	제 말을 들으세요.	私の話を聞きなさい。

하다 ▶ 세요

謝る	사과하다	▶	저한테 사과하세요.	私に謝りなさい。
する	하다	▶	그만 하세요.	やめてください。

PRACTICE

解答 ▶ 168ページ

1 次の単語を세요/으세요の形に書き換えましょう。

①쉬다 ________ 休む
②배우다 ________ 習う
③버리다 ________ 捨てる
④참다 ________ 我慢する
⑤질문하다 ________ 質問する
⑥기다리다 ________ 待つ
⑦타다 ________ 乗る
⑧돌아가다 ________ 帰っていく
⑨돌아오다 ________ 帰ってくる
⑩쓰다 ________ 書く、使う
⑪조용히 하다 ________ 静かにする
⑫청소하다 ________ 掃除する

2 次の文章を自然な会話になるよう線で繋ぎましょう。

①머리가 아파요.	・	・참으세요.
②여기에 쓰레기가 많은데 어떻게 해요? 쓰레기:ゴミ	・	・선생님한테 질문하세요.
③이거 잘 모르겠어요.	・	・쓰레기통에 버리세요.
④지금 강남에 가는데 무슨 버스를 타야 돼요?	・	・1550-1번 버스를 타세요.
⑤다이어트 중인데 야식을 먹고 싶어요. 다이어트:ダイエット　야식:夜食	・	・집에서 쉬세요.

3 次の語群から適当なものを選び세요/으세요を使って文章を完成させましょう。

기다리다 / 청소하다 / 쓰다

①여기에 이름을 ________
이름:名前

②지금 가고 있어요. 조금만 ________

③방이 너무 더러워요. ________
방:部屋　더럽다:汚い

Lesson_54

지 마세요

～しないでください

＊지 말다(やめる) ＋ 세요 ＝ 지 마세요

パッチムなし & あり & 하다 ▶ **지 마세요**

行く	가다	▶	저는 심심해요. 가지 마세요.	私は退屈です。行かないでください。
触る	만지다	▶	제 핸드폰이에요. 만지지 마세요.	私の携帯電話です。触らないでください。
買う	사다	▶	너무 비싸요. 사지 마세요.	とても高いです。買わないでください。
気にする	신경쓰다	▶	신경쓰지 마세요.	気にしないでください。

座る	앉다	▶	여기에 앉지 마세요.	ここに座らないでください。
泣く	울다	▶	울지 마세요. 괜찮을 거예요.	泣かないでください。大丈夫です。
笑う	웃다	▶	웃지 마세요. 재미없어요.	笑わないでください。面白くないです。
信じる	믿다	▶	거짓말이니까 믿지 마세요.	嘘なので信じないでください。

がっかりする(失望する)	실망하다	▶	너무 실망하지 마세요.	そんなにがっかりしないでください。
悪口を言う	욕하다	▶	욕하지 마세요.	悪口を言わないでください。
緊張する	긴장하다	▶	긴장하지 마세요.	緊張しないでください。
口出しする	참견하다	▶	제 인생에 참견하지 마세요.	私の人生に口出ししないでください。

PRACTICE

解答 ▶ 169ページ

1 次の単語を지 마세요の形に書き換えましょう。

①밀다 ＿＿＿＿＿＿
押す

②참다 ＿＿＿＿＿＿
我慢する

③베끼다 ＿＿＿＿＿＿
書き写す

④바꾸다 ＿＿＿＿＿＿
変える

⑤떠들다 ＿＿＿＿＿＿
騒ぐ

⑥싸우다 ＿＿＿＿＿＿
喧嘩する

⑦걱정하다 ＿＿＿＿＿＿
心配する

⑧기대하다 ＿＿＿＿＿＿
期待する

⑨그만두다 ＿＿＿＿＿＿
やめる

⑩만지다 ＿＿＿＿＿＿
触る

⑪듣다 ＿＿＿＿＿＿
聞く

⑫담배를 피우다 ＿＿＿＿＿＿
タバコを吸う

2 次の文章を自然な会話になるよう線で繋ぎましょう。

①운동을 너무 열심히 해서 힘들어요. 쉬고 싶어요. ・ 열심히:熱心に、一生懸命	・조금만 더 참으세요. 그만두지 마세요. 더:もっと
②제 컴퓨터를 바꾸고 싶어요. ・	・요즘 컴퓨터가 비싸요. 바꾸지 마세요.
③맛이 없어요. ・ 맛이 없다:おいしくない	・겨우 10분 지났어요. 쉬지 마세요. 겨우:やっと
④일을 그만두고 싶어요. ・	・그럼, 도시에서 살지 마세요. 그럼:では、それならば
⑤저는 도시가 싫어요. ・	・그럼, 먹지 마세요.

3 次の語群から適当なものを選び지 마세요を使って文章を完成させましょう。

떠들다 / 하다 / 담배를 피우다

①담배는 몸에 안 좋아요. ＿＿＿＿＿＿
몸:体

②너무 시끄러워요. ＿＿＿＿＿＿
시끄럽다:うるさい

③공부하기 싫어요? 그럼, ＿＿＿＿＿＿

Lesson_55

니까/으니까

～だから、～なので

＊以下が語尾に来るときは서/어서/해서ではなく니까を使う。

命令	～하세요	提案	～할까요/합시다	当然なこと	～하지요
宣言	～할게요	許可	～해도 돼요		

パッチム なし ▶ 니까

来る	오다	▶	비가 오니까 우산을 가지고 가세요.	雨が来る(降る)ので傘を持って行ってください。
持って行く	가지고 가다(가져가다)	▶	제가 텐트를 가지고 가니까 안 가져와도 돼요.	私がテントを持って行くので持ってこなくていいですよ。

パッチム あり ▶ 으니까

ない	없다	▶	오늘은 시간이 없으니까 나중에 봐요.	今日は時間が無いので後で会いましょう。
面白い	재미있다	▶	이 드라마는 재미있으니까 꼭 보세요!	このドラマは面白いから必ず見て下さい!
動詞のパッチムがㄹで終わるときは、ㄹを取って니까をつける。				
住む	살다	▶	사촌이 도쿄에 사니까, 거기에 갑시다.	いとこが東京に住んでいるから、そこへ行きましょう。
形容詞のパッチムがㅂで終わるときは、우니까になる。				
かわいい	귀엽다	▶	귀여우니까 좋아하죠.	かわいいから(当たり前に)好きです。
過去形(ㅆ다)は、パッチムありの単語と同じように作ればよい。				
食べる	먹다	▶	밥을 먹었으니까 커피를 마실까요?	ご飯を食べたのでコーヒーを飲みますか?

하다 ▶ 니까

勉強する	공부하다	▶	저 공부하니까 방해하지 마세요.	私は勉強するので邪魔しないでください。
危険だ	위험하다	▶	위험하니까 조심하세요.	危ないので気をつけて下さい。

PRACTICE

解答▶169ページ

1 次の単語と니까/으니까, 세요/으세요を使って文章を作りましょう。

①냄새나다, 씻다 냄새나니까 씻으세요.
臭う, 洗う(シャワーする)

②춥다, 집, 에, 있다 ＿＿＿＿
寒い, 家, いる

④더럽다, 만지다 ＿＿＿＿
汚い, 触る

⑤피곤하다, 빨리, 끝내다 ＿＿＿＿
疲れる, 早く, 終える

⑥괜찮다, 천천히, 오다 ＿＿＿＿
大丈夫だ, ゆっくり, 来る

2 次の語群から適当なものを選んで文章を完成させ、日本語にしてみましょう。

없다 / 좋다 / 필요하다 / 좋다 / 아프다 / 무겁다 / 피곤하다 / 뜨겁다 / 있다

①날씨가 ＿＿＿＿ 공원에 갈까요?

②시간이 ＿＿＿＿ 빨리 끝낼까요?

③왜 카메라를 샀어요? ＿＿＿＿ 샀죠.

④왜 시골을 좋아해요? 공기가 ＿＿＿＿ 좋아하죠. 시골:田舎

⑤많이 ＿＿＿＿ 더 먹어도 돼요.

⑥물이 ＿＿＿＿ 조심하세요.

⑦그거 ＿＿＿＿ 제가 들게요.

⑧지금 ＿＿＿＿ 나중에 할게요.

⑨지금 머리가 ＿＿＿＿ 나중에 얘기합시다. ~합시다:~しましょう

Lesson_56

시다/으시다

尊敬語

＊原形の～다が～시다/으시다の形になる。
現在形　～시다/으시다 → ～세요/으세요
過去形　～시다/으시다 → ～셨어요/으셨어요
未来形　～시다/으시다 → ～ㄹ 거예요/으실 거예요

パッチム なし ▶ 시다

行く 가다 → 가시다	▶ 어디에 가세요?	どちらへ行かれるんですか?
痛い 아프다 → 아프시다	▶ 아프셨어요?	痛みましたか?
見る 보다 → 보시다	▶ 이 영화를 보실 거예요?	この映画をご覧になりますか?

パッチム あり ▶ 으시다

受ける 받다 → 받으시다	▶ 제 이메일을 받으셨어요?	私のEメールを受け取られましたか?
着る 입다 → 입으시다	▶ 무슨 옷을 입으실 거예요?	どんな服をお召しになりますか?
読む 읽다 → 읽으시다	▶ 한글을 읽으실 수 있어요?	ハングルをお読みになれますか?
다の前のパッチムがㄹのときは、ㄹを取って시다		
住む 살다 → 사시다	▶ 어디에서 사셨어요?	どこに住んでいらっしゃいましたか?
売る 팔다 → 파시다	▶ 이 책을 파실 거예요?	この本をお売りになりますか?

하다 ▶ 시다

勉強する 공부하다 → 공부하시다	▶ 열심히 공부하셔야 돼요.	熱心に勉強されなければいけません。
好きだ 좋아하다 → 좋아하시다	▶ 어떤 게임을 좋아하세요?	どんなゲームがお好きですか?
運動する 운동하다 → 운동하시다	▶ 여기에서 운동하시면 안돼요.	ここで運動されてはいけません。

単語自体が変わる

자다 → 주무시다 寝る→お休みになる	있다 → 계시다 いる→いらっしゃる	죽다 → 돌아가시다 死ぬ→お亡くなりになる	이름 → 성함 名前→お名前
주다 → 드리다 あげる→差し上げる	아프다 → 편찮으시다 具合が悪い→ご病気だ	묻다 → 여쭈다 聞く/尋ねる → お伺い	나이 → 연세 歳→お年
먹다, 마시다 → 드시다 食べる、飲む→召し上がる	데리고 오다 → 모시고 오다 連れて来る→お連れする	만나다 → 뵙다 会う → お目にかかる	생일 → 생신 誕生日→お誕生日
말하다 → 말씀하시다 話す→おっしゃる	데리고 가다 → 모시고 가다 連れて行く→お連れする	집 → 댁 家 → お宅(ご自宅)	밥 → 진지 ご飯 → お食事

PRACTICE

解答 ▶ 169ページ

1 次の単語を使って尊敬語の現在形・過去形・未来形に書き換えましょう。

※使う単語自体が変わるものに注意しましょう。

①가다 行く
(現在形)가세요
(過去形)가셨어요
(未来形・推測)가실 거예요

②읽다 読む

③알다 知る

④사다 買う

⑤자다 寝る

⑥하다 する

⑦생각하다 考える

⑧결혼하다 結婚する

⑨먹다 食べる

⑩보내다 送る

⑩기다리다 待つ

⑫말하다 話す

Lesson_57

보이다, 어/해 보이다

～に見える

＊現在形と同じように作ることができる。(→p.28)

パッチム なし ▸ 보여요

安い	싸다	▸	그 가방은 싸 보여요. 사지 마세요.	その鞄は安そうに見えます。買わないで下さい。
(値段が)高い	비싸다	▸	그 반지는 비싸 보여요. 얼마예요?	その指輪は高そうに見えます。いくらですか?

パッチム あり ▸ 어/아 보여요

格好いい	멋있다	▸	그 자켓은 꽤 멋있어 보여요.	そのジャケットはかなり格好良く見えます。
若い	젊다	▸	되게 젊어 보여요. 몇 살이에요?	すごく若く見えます。何歳ですか?
柔らかい	부드럽다 ＊不規則活用	▸	빵이 부드러워 보여요.	パンが柔らかそうに見えます。

다の前の母音がㅏ、ㅗで終わるときは아 보여요

(高さが)高い	높다	▸	빌딩이 높아 보여요. 몇 층이에요?	ビルが高く見えます。何階ですか?

하다 ▸ 해 보여요

疲れる	피곤하다	▸	피곤해 보여요. 몇 시에 잤어요?	疲れているように見えます。何時に寝ましたか?
おかしい	이상하다	▸	이 옷은 어때요? 이상해 보여요?	この服はどうですか?おかしく見えますか?

名詞 ▸ 같아 보여요

大学生	대학생	▸	대학생 같아 보여요.	大学生みたいに見えます。
30代	30대	▸	저 30대 같아 보여요?	私30代のように見えますか?

PRACTICE

解答 ▶ 170ページ

1 次の単語と어/해 보여요を使った形に書き換えましょう。

①쉽다＿＿＿＿＿＿
易しい

②크다＿＿＿＿＿＿
大きい

③작다＿＿＿＿＿＿
小さい

④맵다＿＿＿＿＿＿
からい

⑤짜다＿＿＿＿＿＿
しょっぱい

⑥늙다＿＿＿＿＿＿
古い

⑦어렵다＿＿＿＿＿＿
難しい

⑧더럽다＿＿＿＿＿＿
汚い

⑨힘들다＿＿＿＿＿＿
大変だ

⑩맛있다＿＿＿＿＿＿
美味しい

⑪어리다＿＿＿＿＿＿
幼い

⑫무겁다＿＿＿＿＿＿
重い

⑬뚱뚱하다＿＿＿＿＿＿
太っている

⑭깨끗하다＿＿＿＿＿＿
綺麗だ

⑮피곤하다＿＿＿＿＿＿
疲れた

⑯날씬하다＿＿＿＿＿＿
しなやかだ

⑰멍청하다＿＿＿＿＿＿
馬鹿だ

⑱중요하다＿＿＿＿＿＿
重要する

2 次の()のうち正しいものに○をつけ、正しい文を書いて日本語に訳しましょう。

①그거 조금 (무거워 / 무겁워) 보이는데 괜찮아요?

그거 조금 무거워 보이는데 괜찮아요?
それ(は)少し重そうに見えますが大丈夫ですか?

②어젯밤에 잘 못 잤어요? (피곤하 / 피곤해 / 피곤) 보여요.　어젯밤:昨晩

＿＿＿＿＿＿＿＿＿＿＿＿

③(힘들다 / 힘들어 / 힘들해) 보여요. 도와줄까요?

＿＿＿＿＿＿＿＿＿＿＿＿

④저 (뚱뚱해 / 뚱뚱하 / 뚱뚱) 보여요?

＿＿＿＿＿＿＿＿＿＿＿＿

⑤그거 뭐예요? 진짜 (더러워 / 더럽 / 더럽워) 보여요.　진짜:本当(に)

＿＿＿＿＿＿＿＿＿＿＿＿

⑥저 남자는 머리가 (크 / 카 / 커) 보여요.
머리:頭、髪

＿＿＿＿＿＿＿＿＿＿＿＿

Lesson_58

러/으러 (가다, 오다)

～しに(行く/来る)

パッチム なし ▸ 러 (가다, 오다)

見る	보다	▸	벚꽃을 보러 일본에 가고 싶어요.	桜を見に日本へ行きたいです。
買う	사다	▸	화장품을 사러 한국에 왔어요.	化粧品を買いに韓国へ来ました。
会う	만나다	▸	여자친구를 만나러 미국에 갔어요.	彼女に会いにアメリカに行きました。

パッチム あり ▸ 으러 (가다, 오다)

食べる	먹다	▸	이탈리아에 피자를 먹으러 가고 싶어요.	イタリアにピザを食べに行きたいです。
探す	찾다	▸	제 핸드폰을 찾으러 왔어요.	私の携帯電話を探しに来ました。
洗う	씻다	▸	화장실에 손을 씻으러 가요.	化粧室(トイレ)に手を洗いに行きます。
다の前のパッチムがㄹのときは러				
遊ぶ	놀다	▸	학교에 놀러 왔어요?	学校へ遊びに来ましたか?
売る	팔다	▸	영국에 책을 팔러 가고 싶어요.	イギリスに本を売りに行きたいです。

하다 ▸ 러 (가다, 오다)

旅行する	여행하다	▸	여행하러 유럽에 가고 싶어요.	旅行しにヨーロッパへ行きたいです。
ショッピングする	쇼핑하다	▸	쇼핑하러 동대문에 가요.	ショッピングしに東大門(トンデムン)へ行きます。
働く	일하다	▸	한국에 일하러 왔어요.	韓国に働きに来ました。

PRACTICE

解答 ▶ 170ページ

1 次の単語と러/으러 가다 + (過去形)を使って適当な形に書き換えましょう。

①보다 보러 갔어요.
見る

②사다 ______
買う

③놀다 ______
遊ぶ

④찾다 ______
探す

⑤일하다 ______
働く

⑥공부하다 ______
勉強する

2 次の単語と러/으러 오다 + (過去形)を使って適当な形に書き換えましょう。

①바꾸다 바꾸러 왔어요.
替える

②받다 ______
受ける

③만나다 ______
会う

④주다 ______
あげる

⑤마시다 ______
飲む

⑥가르치다 ______
教える

3 次の語群を使って質問に答えましょう。

①Q: 뭐 하러 호주에 갔어요? A: 일본어를 가르치러 호주에 갔어요. (일본어, 가르치다)
호주:オーストラリア(豪州)

②Q: 뭐 하러 영화관에 가요? A: ______ (영화, 보다)
영화관:映画館

③Q: 뭐 하러 서점에 갔어요? A: ______ (책, 사다)
서점:書店

④Q: 뭐 찾으러 왔어요? A: ______ (핸드폰, 찾다)

⑤Q: 뭐 먹으러 갈 거예요? A: ______ (갈비, 먹다)

4 러/으러 가다,러/으러 오다を使って自分自身についての文章(過去形、現在形、未来形)を作りましょう。

①現在形(~요) ______

②過去形(~ㅆ어요) ______

③未来形(~ㄹ 거예요) ______

Lesson_59

려고 하다

～しようと○○する

＊～려고요.「～しようと思いまして」で文章を終えることもできる。

パッチムなし ▶ 려고(요)

休む	쉬다	▶ 쉬려고 집에 일찍 왔어요.	休もうと家に早く来ました。
買う	사다	▶ 부모님의 선물을 사려고 돈을 모았어요.	両親のプレゼントを買おうとお金を貯めました。
行く	가다	▶ 강남역에 가려고요.	江南(カンナム)駅へ行こうと思いまして。
お金を貯める	돈을 모으다	▶ 돈을 모으려고요.	お金を貯めようと思いまして。

パッチムあり ▶ 으려고(요)

撮る	찍다	▶ 사진을 찍으려고 카메라를 가지고 왔어요.	写真を撮ろうとカメラを持って来ました。
忘れる	잊다	▶ 잊으려고 노력하고 있어요.	忘れようと努力しています。
		▶ 그 여자를 잊으려고요.	その女の人を忘れようと思いまして。
食べる	먹다	▶ 피자를 안 먹으려고요.	ピザを食べないつもりです。

하다 ▶ 려고(요)

勉強する	공부하다	▶ 공부하려고 책을 샀어요.	勉強しようと本を買いました。
話す	얘기하다	▶ 얘기하려고 전화했어요.	話(を)しようと電話をしました。
許す	용서하다	▶ 용서하려고 했는데 너무 화나요.	許そうとしましたがとても腹が立ちます。
化粧する	화장하다	▶ 화장하려고요.	化粧しようと思いまして。

PRACTICE

解答 ▶ 171ページ

1 次の語群と려고요を使って会話文を完成させましょう。

①Q: 왜 자전거를 샀어요? A: 타려고요. (타다)

②Q: 왜 그림을 그렸어요? A: 친구한테 (주다)

③Q: 왜 책을 주문했어요? A: (읽다)
주문하다:注文する

④Q: 왜 짐을 싸요? A: (떠나다)
짐을 싸다:荷造りする

⑤Q: 왜 일해요? A: (먹고 살다)

2 次の語群と려고を使って質問に答えましょう。

①Q: 왜 술을 마셔요? A: 취하려고 술을 마셔요. (취하다)

②Q: 왜 돈을 벌어요? A: (여행하다)
벌다:稼ぐ

③Q: 왜 영어를 공부해요? A: 좋은 회사에 (취직하다)
就職する

④Q: 왜 전화했어요? A: (부탁하다)

⑤Q: 왜 프로그래밍을 배웠어요? A: (먹고 살다)
프로그래밍:プログラミング

3 次の語群と려고 하다 + 는데 + 못を使って過去形の文章を作りましょう。

①자다 일찍 자려고 했는데 못 잤어요.
②숙제하다
③주다
④주문하다
⑤모으다

Lesson_60

ㄹ/을 때

～するとき、～のとき

パッチム なし ▶ **ㄹ 때**

幼い	어리다	▶ 저는 어릴 때 슈퍼맨이 되고 싶었어요.	私は幼いときスーパーマンになりたかったです。
痛い	아프다	▶ 아플 때 먹으세요.	痛いときに食べてください。

パッチム あり ▶ **을 때**

食べる	먹다	▶ 먹을 때 소리 내지 마세요.	食べるときは音(を)出さないでください。
いる	있다	▶ 시간이 있을 때 커피 한 잔 해요.	時間があるときコーヒー一杯しましょう(飲みに行きましょう)。
다の前のパッチムがㄹのときは때			
遊ぶ	놀다	▶ 놀 때 연락해 주세요.	遊ぶとき(は)連絡してください。
疲れた	힘들다	▶ 힘들 때 전화하세요.	疲れたとき(は)電話してください

하다 ▶ **ㄹ 때**

必要だ	필요하다	▶ 필요할 때 부르세요.	必要なとき(は)呼んでください。
退屈だ	심심하다	▶ 심심할 때 뭐 해요?	退屈なとき(は)何をしますか?

名詞 ▶ **때**

小学生	초등학생	▶ 초등학생 때 수영을 배웠어요.	小学生のとき水泳を習っていました。
中学生	중학생	▶ 중학생 때 브라질에서 살았어요.	中学生のときブラジルに住んでいました。
高校生	고등학생	▶ 고등학생 때 일본어 공부를 시작했어요.	高校生のとき日本語の勉強を始めました。

PRACTICE

解答 ▶ 171ページ

1 次の単語とㄹ때/을 때を使って文章を完成させ、日本語に訳しましょう。

①심심하다 退屈だ　　심심할 때 뭐 해요?
退屈なとき(は)何をしますか?

②어리다 幼い　　＿＿＿＿＿＿ 꿈이 뭐였어요?

③먹다 食べる　　＿＿＿＿＿＿ 말하지 마세요.

④살다 住む　　중국에서 ＿＿＿＿＿＿ 중국어를 공부했어요.

⑤요리하다 料理する　　＿＿＿＿＿＿ 행복해요.

⑥일하다 働く　　＿＿＿＿＿＿ 필요해요.

⑦쇼핑하다 ショッピングする　　＿＿＿＿＿＿ 어디에 가요?

2 次の単語とㄹ때/을 때を使って日本語を韓国語にしましょう。

①다니다 通う　　학교에 다닐 때 학교를 싫어했어요. 그런데 지금은 그리워요.
学校に通っていたとき(は)学校が嫌いでした。ですが今は懐かしいです。　懐かしい:그립다

②여행하다 旅行する　　＿＿＿＿＿＿
旅行するとき(は)カメラが必要です。

③출발하다 出発する　　＿＿＿＿＿＿
出発するとき連絡してください。

④운전하다 運転する　　＿＿＿＿＿＿
運転するとき(は)携帯電話を使わないでください。

⑤바쁘다 忙しい　　＿＿＿＿＿＿
忙しいとき(は)電話しないでください。

⑥학생 学生　　＿＿＿＿＿＿
学生のとき(は)勉強が下手(できません)でした。

⑦보다 見る　　＿＿＿＿＿＿
テレビを見るとき(は)邪魔をしないでください。　テレビ:티비　邪魔をする:방해하다

⑧사진을 찍다 写真を撮る　　＿＿＿＿＿＿
写真を撮るとき(は)動かないでください。　動く:움직이다

Lesson_61

(만약, 만약에) 면/으면

(もし)~なら

パッチム なし ▶ 면

忙しい	바쁘다	▶	만약 오늘 바쁘면 내일 만날까요?	もし今日忙しいなら明日会いましょうか?
痛い	아프다	▶	배가 아프면 집에서 쉬세요.	お腹が痛いなら家で休んでください。
眠い	졸리다	▶	졸리면 자요.	眠いなら寝てください。

パッチム あり ▶ 으면

探す(見つける)	찾다	▶	만약 제 지갑을 찾으면 연락해 주세요.	もし(万が一)私の財布を見つけたら連絡してください。
ある	있다	▶	시간이 있으면 커피를 한 잔 마실까요?	時間があるならコーヒーを一杯飲みましょうか?
ない	없다	▶	취미가 없으면 심심해요.	趣味がないなら(なかったら)退屈です。
다の前のパッチムがㄹのときは 면				
開ける	열다	▶	창문을 열면 추울 거예요.	窓を開けたら寒そうです。
疲れた(しんどい)	힘들다	▶	힘들면 저한테 말해요.	疲れた(しんどい)なら私に言ってください。
다の前のパッチムがㅂのときは、ㅂを取って우면				
暑い	덥다	▶	더우면 자켓을 벗으세요.	暑いならジャケットを脱いでください。
辛い	맵다	▶	너무 매우면 먹지 마세요.	辛すぎるなら食べないでください。

하다 ▶ 면

疲れる	피곤하다	▶	피곤하면 조금 쉬세요.	疲れたなら少し休んでください。
好きだ	좋아하다	▶	좋아하면 고백하세요.	好きなら告白してください。
運動する	운동하다	▶	운동하면 기분이 좋아요.	運動すると気分がいいです。

PRACTICE

解答▶171ページ

1 次の単語と면/으면を使って文章を完成させ、日本語に訳しましょう。

①가다 行く　한국에 가면 누구를 만나고 싶어요?
韓国に行ったら誰に会いたいですか?

②받다 受ける　저는 선물을 ________ 행복할 거예요.

③심심하다 退屈だ　________ 친구랑 영화를 보세요.

④맵다 辛い　________ 먹지 마세요.

⑤벌다 稼ぐ　만약에 돈을 많이 ________ 뭐를 사고 싶어요?

⑥시간이 있다 時間がある　만약 내일 ________ 우리 만날까요?

⑦도착하다 到着する　공항에 ________ 연락할게요.

2 次の単語と면/으면を使って日本語を韓国語にしましょう。

①싸다 安い　싸면 사고, 비싸면 사지 마세요.
安いなら買って、高いなら買わないでください。

②비싸다 高い　________
高いなら買わなくてもいいです。

③밤을 새다 徹夜する　________
徹夜をすると疲れます。　疲れる:피곤하다

④살다 暮らす　________
ひとりで暮らすと寂しいです。　ひとり:혼자寂しい:외롭다

⑤춥다 寒い　________
寒いなら厚い服を着てください。　厚い:두껍다

⑥걱정되다 心配になる　________
ペットが心配ならビデオ通話するのはどうですか?　ペット:애완동물　ビデオ通話:영상통화

⑦덥다 暑い　________
暑いなら服を脱いでください。　脱ぐ:벗다

⑧찾다 見つける(探す)　________
鍵を見つけたら必ず連絡してください。　鍵:열쇠

Lesson_62

래요, 대요

~だそうです

＊다고 하다 → 다고 해요 → 대요　と省略されている。
現在　대요(形容詞)、ㄴ대요/는대요(動詞)
過去　ㅆ대요/었(았)/했대요(形容詞·動詞)
未来や推測　ㄹ 거래요/을 거래요(形容詞·動詞)

形容詞

高い　비싸다	【現在】	▸ 비싸대요.	高いそうです。
	【過去】	▸ 비쌌대요.	高かったそうです。
	【推測】	▸ 비쌀 거래요.	高いだろうと言われています。
良い　좋다	【現在】	▸ 좋대요.	良いそうです。
	【過去】	▸ 좋았대요.	良かったそうです。
	【推測】	▸ 좋을 거래요.	良いだろうと言われています。
危険だ　위험하다	【現在】	▸ 위험하대요.	危ないそうです。
	【過去】	▸ 위험했대요.	危なかったそうです。
	【推測】	▸ 위험할 거래요.	危ないだろうと言われています。

動詞

行く　가다	【現在】	▸ 미국에 간대요.	アメリカへ行くそうです。
	【過去】	▸ 미국에 갔대요.	アメリカへ行ったそうです。
	【未来】	▸ 미국에 갈 거래요.	アメリカへ行くんだそうです。
食べる　먹다	【現在】	▸ 김치만 먹는대요.	キムチだけ食べるそうです。
	【過去】	▸ 김치를 먹었대요.	キムチを食べたそうです。
	【未来】	▸ 김치를 먹을 거래요.	キムチを食べるそうです。
勉強する　공부하다	【現在】	▸ 공부한 대요.	勉強するそうです。
	【過去】	▸ 공부했대요.	勉強したそうです。
	【未来】	▸ 공부할 거래요.	勉強するんだそうです。

*라고 하다 → 라고 해요 → 래요　と省略されている。
래요(パッチムなし)/이래요(パッチムあり)

名詞 ▶ **래요/이래요**

医者　의사	▶ 저 남자는 의사래요.	あの男の人は医者だそうです。
先生　선생님	▶ 저 여자는 선생님이래요.	あの女の人は先生だそうです。

PRACTICE

解答 ▶ 172ページ

1 次の単語を래요 / 이래요の形に書き換えましょう。

①배우 ________
俳優

②디자이너 ________
デザイナー

③작가 ________
作家

④회계사 ________
会計士

⑤모델 ________
モデル

⑥연예인 ________
芸能人

⑦사업가 ________
事業家

⑧운동선수 ________
運動選手

⑨회사원 ________
会社員

2 次の単語を使って現在形・過去形・未来形に書き換えましょう。

①슬프다
悲しい
(現在)슬프대요.
(過去)슬펐대요.
(未来·推測)슬플 거래요.

②기쁘다
うれしい

③같다
同じ

④시끄럽다
うるさい

⑤깨끗하다
清潔だ

⑥위험하다
危ない

⑦오다
来る

⑧모르다
知らない

⑨먹다
食べる

⑩잊다
忘れる

⑪결혼하다
結婚する

⑫이혼하다
離婚する

Column

外国語学習のヒント

私がいろいろな言語を勉強しながら試した、さまざまな方法を紹介します。どんな言語でも役に立つ勉強のしかたなので、ぜひ試してみてください。

1 単語を覚える

単語を覚える際はむやみに単語帳に手を出すのではなく、身の回りにある物事から少しずつ韓国語に変換してみてください。例えば、食事をするときに〔箸・ごはん・食材の名前・「食べる」という動詞〕を覚える、朝の準備をするときに〔歯磨き・鏡・服の種類・「着る」「脱ぐ」という動詞〕を覚える、といったように、生活と連動させると覚えやすいです。

2 楽しむ方法を探す

ドラマ・映画・バラエティなど、楽しんで見られるコンテンツを探して、韓国語の字幕を付けて視聴してみてください。
①動画を止めて字幕を声に出して読む　②実際に話すのを、字幕を目で追いながら聞く　③同じ話し方になるよう練習する　という方法がとても効果的です。この本に登場した表現は日常の中で本当によく使われるものばかりなので、習った表現を見つけることで復習にもなります。

3 勉強した言葉を使う環境を作る

自分が勉強している言語のネイティブや、同じ言語を勉強している人を探し、勉強中の言葉をどんどん使ってください。SNSや通話アプリなど、インターネットにさえつながっていれば世界中と交流することができます。教科書から飛び出し、リアルな言葉に触れながら、インプットとアウトプットを繰り返すことが大事です。

PART 2

確認テスト・解答一覧・単語リスト

確認テスト

1 저(　　　) 선생님이에요. →Lesson 8

A 은　　B 는　　C 이　　D 가

2 우리(　　　) 친구(　　　). →Lesson 8

A 예요　　B 이에요　　C 은　　D 는

3 저 사람(　　　) 미국 사람(　　　). →Lesson 8

A 은　　B 을　　C 는　　D 을　　E 이에요　　F 예요

4 저는 한국어를(　　　). →Lesson 10

A 운동해요　　B 피곤해요　　C 공부해요　　D 일해요

5 저는 운동을(　　　). →Lesson 11

A 필요해요　　B 싫어해요　　C 먹어요　　D 마셔요

6 비빔밥(　　　) 맛있어요. →Lesson 11

A 을　　B 를　　C 이　　D 가

7 선생님(　　　) 한국 사람(　　　). →Lesson 12

A 은, 입니다　　B 는, 습니다　　C 은, 습니다　　D 는, 입니다

8 저는 시골에서(　　　).　시골:田舎 →Lesson 12

A 살다　　B 삽니다　　C 살습니다　　D 살읍니다

9 저는 책을(　　　). →Lesson 12

A 읽다　　B 읽읍니다　　C 읽습니다　　D 입니다

10 저는 서울에서(　　　). →Lesson 12

A 일합니다　　B 일습니다　　C 일입니다　　D 일하다

11 저는 요리를(　　　) 해요. →Lesson 13

A 살　B 암　C 모　D 못

12 저는 수영을(　　　) 해요. →Lesson 13

A 잔　B 잘　C 장　D 잠

13 제 친구는(　　　) 똑똑해요. →Lesson 13

A 못　B 안　C 잘　D 한

14 저는 불고기(　　　), 비빔밥(　　　), 갈비를 좋아해요. →Lesson 14

A 랑　B 이랑　C 고　D 이고

15 지금 엄마(　　　) 영화를 봐요. →Lesson 14

A 하고　B 은　C 이랑　D 그리고

16 제 남자친구는 착해요.(　　　) 똑똑해요. →Lesson 18

A 하고　B 그리고　C 랑　D 이랑

17 물(　　　), 숟가락(　　　), 포크를 주세요. →Lesson 14

A 랑　B 하고　C 을　D 은

18 저는 지금 샤워하(　　　). →Lesson 15

A 살다　B 지 마세요　C 고 있었어요　D 고 있어요

19 아빠는 TV를 보(　　　). →Lesson 15

A 고 있어요　B 아요　C 고 싶어요　D 입니다

20 어제 친구랑 커피숍에서 커피를(　　　).　커피숍:コーヒーショップ →Lesson 17

A 마시고 있어요　B 마싰어요　C 마셨어요　D 마셔요

21 어제 강남역에서 친구를(　　　). 강남역:江南(カンナム)駅 →Lesson 17

A 만나요　B 만났어요　C 만날거예요　D 만납니다

22 저는 중국에서(　　　). →Lesson 17

A 살었어요　B 살았어요　C 살아 했어요　D 살었습니다

23 너무 피곤해요. 그래서 오늘 집에서(　　　). →Lesson 21

A 쉽니까　B 쉬요　C 쉴 거예요　D 쉬었어요

24 언제 한국에(　　　)? →Lesson 21

A 안 와요　B 올 거예요　C 안 올 거예요　D 옵니다

25 오늘 재미있었어요. 안녕히 가세요. 집에 도착해서(　　　).
안녕히 가세요:さようなら(見送る側が言う) →Lesson 22

A 전화할게요　B 전화할 거예요　C 통화할게요　D 통화할 거예요

26 금요일(　　　) 서울(　　　) 친구랑 영화를 볼 거예요. →Lesson 23

A 에　B 이　C 에서　D 가

27 12시(　　　) 점심을 먹고 1시(　　　) 명동(　　　) 갔어요.
점심:昼食、명동:明洞(ミョンドン) →Lesson 23

A 에　B 에서　C 위해　D 까지

28 11시(　　　) 8시(　　　) 수업이 있어요. →Lesson 24

A 까지　B 후에　C 부터　D 전에

29 서울(　　　) 부산(　　　) 몇 시간 걸려요? →Lesson 24

A 에　B 에서　C 부터　D 까지

30 오늘(　　　) 금요일(　　　) 바빠요. 다음주에 만나는 게 어때요? →Lesson 24

A 까지　B 은　C 에　D 부터

31 수업이 끝나(　　　) 도서관에 갈 거예요. →Lesson 26

A 나서　B 후에　C 은 다음에　D 고 나서

32 밥을 먹(　　　) 커피를 마셨어요. →Lesson 26

A 는 다음에　B 은 다음에　C 에　D 에서

33 일주일(　　　) 다시 만나요!　일주일:一週間 →Lesson 25

A 다음에　B 고 나서　C 후에　D 은 후에

34 3일(　　　) 홍콩에 다녀왔어요. →Lesson 27

A 기 전에　B 전에　C 후에　D 에

35 1년(　　　) 독일에서 살았어요.　독일:ドイツ →Lesson 28

A 동안　B 에　C 기 전에　D 만에

36 먹(　　　) 손을 씻으세요. →Lesson 27

A 전에　B 기 전에　C 동안　D 는 동안

37 돌아가(　　　) 한 번 만나는 게 어때요? →Lesson 27

A 후에　B 기 전에　C 전에　D 고 나서

38 청소하(　　　) 잠깐 밖에서 기다려 주시겠어요? →Lesson 28

A 다음에　B 자마자　C 고 나서　D 는 동안

39 어제 너무 피곤했어요. 그래서 눕(　　　) 바로 잠들었어요. →Lesson 29
눕다:横になる、잠들다:眠る

A 면서　B 으면서　C 자마자　D 후에

40 뭐 하(　　　)? 저는 집에서 쉬(　　　). →Lesson 30

A 했어요　B 고 싶어요　C 요　D 할 거예요

41 일하(　　　).　→Lesson 31

A 기 싫어요　B 을 거예요　C 게요　D 습니다

42 위험해요! 하(　　　)!　→Lesson 54

A 지 마세요　B 세요　C 고 싶어요　D 이에요

43 운동을 안 하면 건강에 안 좋아요. 그러니까 운동(　　　).　건강:健康　→Lesson 34

A 지 마세요　B 세요　C 어도 돼요　D 해야 돼요

44 비가 오(　　　) 우산을 가지고 가세요.　→Lesson 55

A 서　B 어서　C 니까　D 으니까

45 시간이 별로 없(　　　) 빨리 시작해야 돼요.　별로:あまり、빨리:早く　→Lesson 55

A 서　B 어서　C 니까　D 으니까

46 조금 늦을 것 같아요. 기다(　　　).　늦다:遅い　→Lesson 32

A 여 주세요　B 려 주세요　C 리 주세요　D 러 주세요

47 한국어를 공부하고 싶어요. 가르(　　　)?　→Lesson 33

A 주시겠어요　B 쳐 주시겠어요　C 치 주시겠어요　D 취 주시겠어요

48 이 문제가 너무 어려워요. 도(　　　)?　문제:問題　→Lesson 33

A 주시겠어요　B 워주시겠어요　C 와주시겠어요　D 해주시겠어요

49 저는 미국에 갈 거예요. 그래서 영어를 배(　　　).　→Lesson 34

A 야 돼요　B 어야 돼요　C 해야 돼요　D 워야 돼요

50 내일 학교에 가요. 그래서 숙제를(　　　).　숙제:宿題　→Lesson 34

A 워야 돼요　B 끝나야 돼요　C 해야 돼요　D 하야 돼요

51 이미 늦었어요. 안(　　　)도 돼요. →Lesson 35

A 아　B 워　C 오　D 와

52 여기는 도서관이에요. 떠들(　　　). →Lesson 37

A 어도 돼요　B 어야 돼요　C 면 안돼요　D 으면 안돼요

53 더러워요. 만지(　　　).　만지다:触る →Lesson 37

A 세요　B 으세요　C 면 안 돼요　D 면 돼요

54 오늘 별로 안 바빠요. 영화를(　　　)? →Lesson 38

A 볼래요　B 봘래요　C 봐요　D 보요

55 주말에 뭐 할 거예요? 약속이 없으면 강원도로 캠핑(　　　)? →Lesson 39
강원도:江原道(カンウォンド)、캠핑:キャンプ

A 갑니까　B 갈 거예요　C 갈까요　D 가세요

56 부산에 어떻게 갈 거예요? 버스를 타고 가(　　　)? →Lesson 40

A 는 게 어때요　B 고 있어요　C 갑니다　D 는 중이에요

57 저는 잘 모르겠어요. 아마 선생님이(　　　)? →Lesson 41

A 압니까　B 알지요　C 알걸요　D 알 수 있어요

58 한국어를 읽(　　　)? →Lesson 42

A ㄹ 수 있어요　B 을 수 있어요　C 할 수 있어요　D 수 있어요

59 고등학교 때 영어공부를 안 했어요. 그래서 영어를(　　　). →Lesson 13

A 잘해요　B 할 수 있어요　C 못 할 수 있어요　D 못 해요

60 스키를(　　　)? 겨울이니까 스키장에 가요!　스키장:スキー場 →Lesson 43

A 할 수 있어요　B 할 줄 알아요　C 해요　D 탈 줄 알아요

61 자동차를 운전(　　　)? 그럼 제가 운전할게요. →Lesson 43

A 할 줄 알아요　B 할 수 있어요　C 할 줄 몰라요　D 을 줄 몰라요

62 홍콩에 가(　　　)? 저는 아직 안 가 봤는데 가고 싶어요. →Lesson 44

A 도 돼요　B 본 적이 있어요　C 요　D 기 싫어요

63 이 노래를(　　　)? 저는 이 노래를 좋아해서 이것만 들어요. →Lesson 45

A 듣어 봤어요　B 들어 봤어요　C 듣어 본 적이 없어요　D 들어 봅니까

64 술을 마(　　　)? 건강에 안 좋으니까 너무 많이 마시지 마세요. →Lesson 45

A 시 본 적이 있어요　B 시 봤어요　C 셔 봤어요　D 셔 봐요

65 이거 먹어 본 적이 없어요? 진짜 맛있어요. 한 번 먹(　　　). →Lesson 46

A 어 보세요　B 보세요　C 봐요　D 어 볼게요

66 저는 수영을 잘 못해서 배(　　　). →Lesson 46

A 워고 싶어요　B 워 보고 싶어요　C 우 하고 싶어요　D 우 보고 싶어요

67 요즘 핸드폰이 너무 비(　　　). 그리고 옷도 너무 비(　　　). →Lesson 51

A 싼 것 같아요　B 쌀 것 같아요　C 쌌던 것 같아요　D 인 것 같아요

68 비가(　　　). 우산을 가지고 가세요. →Lesson 52

A 올 것 같아요　B 온 것 같아요　C 왔던 것 같아요　D 왈 것 같아요

69 오늘 많이 피곤(　　　). 일찍 집에 가서 쉬세요. →Lesson 57

A 해요　B 할 것 같아요　C 했어요　D 해 보여요

70 번지점프는 위험(　　　). 하지 마세요!　번지점프:バンジージャンプ →Lesson 57

A 하 보여요　B 어 보여요　C 해 보여요　D 보여요

71 제 여자친구는 예쁘(　　　) 똑똑해요. →Lesson 14

A 하고　B 그리고　C 서　D 고

72 저는 시간이 없(　　　) 못 갈 것 같아요. 죄송해요. 다음에 갈게요. →Lesson 18

A 서　B 어서　C 해서　D 이고

73 한국 음식은 맵(　　　) 짜요. 그런데 맛있어요. →Lesson 14

A 고　B 서　C 하고　D 어서

74 춥(　　　) 배고프(　　　) 외로워요. →Lesson 14

A 그리고　B 그래서　C 고　D 하고

75 편의점이 집에서 가까(　　　) 편리해요.
편의점:コンビニ、가깝다:近い、편리하다:便利だ →Lesson 18

A 고　B 워서　C 어서　D 그래서

76 저는 돈이 없어요.(　　　) 친구도 없어요.　도:～も →Lesson 14

A 그리고　B 그래서　C 그고 나서　D 하지만

77 저는 집이 없어요.(　　　) 집을 지을 거예요.　짓다:建てる →Lesson 18

A 그리고　B 그래서　C 하고　D 해서

78 그 친구를 중학교(　　　) 만났어요. →Lesson 60

A 면　B 으면　C 때　D 을 때

79 심심(　　　) 연락하세요. 아니면 필요(　　　) 연락해도 돼요. →Lesson 60

A 으면　B 을면　C 을 때　D 할 때

80 공항에 도착하(　　　) 전화하세요. 제가 마중 나갈게요.　공항:空港、마중 나가다:出迎える →Lesson 61

A 할 때　B 면　C 으면　D 때

81 밥을 많이 먹었어요.(　　　) 아직도 배고파요. →Lesson 19

A 그리고　B 그런데　C 그래서　D 그리고 나서

82 돈은 있(　　　) 시간이 없어요. 그래서 안 행복해요. →Lesson 19

A 은데　B 는데　C 어서　D 그런데

83 그 여자를 사랑했(　　　) 헤어졌어요.　헤어지다:別れる →Lesson 19

A 는데　B 은데　C 그런데　D 어요

84 보고 싶(　　　) 볼 수 없어서 슬퍼요.　슬프다:悲しい →Lesson 20

A 는데　B 은데　C 어요　D 어서

85 하기 싫(　　　) 안 해도 돼요. 억지로 할 필요 없어요.　억지로:無理に →Lesson 61

A 면　B 으면　C 은데　D 데

86 지금 가고 있(　　　). 곧 도착해요. →Lesson 16

A 고 있어요　B 지 않아요　C 지 마세요　D 는 중이에요

87 남자친구랑 벚꽃을 보(　　　) 일본에 가고 싶어요.　벚꽃:桜 →Lesson 58

A 고　B 면　C 러　D 서

88 영국에서 일하(　　　) 열심히 영어를 공부했어요.　열심히:一生懸命 →Lesson 59

A 러　B 으러　C 려고　D 느라

89 오늘 날씨가 꽤 춥(　　　). 벌써 겨울이 온 것 같아요.　꽤:かなり →Lesson 47

A 워서　B 네요　C 고　D 고 있어요

90 그 드라마를 봤어요? 당연히(　　　)!　당연히:当然に →Lesson 48

A 보요　B 봤죠　C 봐요　D 보죠

91 넓고 깨끗(　　　) 집에서 살고 싶어요.　넓다:広い、깨끗하다:きれいだ →**Lesson 49**

A 하다　B 하는　C 할　D 한

92 사고 싶(　　　) 카메라가 있었는데 너무 비싸서 못 샀어요. →**Lesson 50**

A 는　B 을　C 은　D 다

93 저는 매(　　　) 음식을 잘 못 먹어요. →**Lesson 49**

A 운　B 은　C 우는　D 워요

94 할머니는 지금 어디에(　　　)?　할머니:おばあさん →**Lesson 56**

A 있어요　B 주무세요　C 드세요　D 계세요

95 어디에서 일(　　　)? →**Lesson 56**

A 계세요　B 합니다　C 하세요　D 가세요

96 저는 밥을 먹었어요. 선생님은 식사(　　　)?　식사:食事 →**Lesson 56**

A 하세요　B 하십니다　C 합니까　D 하셨어요

97 어제 뉴스를 봤는데 오늘 날씨가 좋(　　　).　뉴스:ニュース →**Lesson 62**

A 네요　B 래요　C 아요　D 대요

98 오늘 날씨가 추우니까 두꺼운 옷을 입(　　　).　두껍다:厚い、옷:服 →**Lesson 62**

A 하래요　B 래요　C 으래요　D 은대요

99 어제 친구가 아파서 병원에 입원(　　　). 그래서 오늘 가 보려고요.　입원:入院 →**Lesson 62**

A 했대요　B 한대요　C 하래요　D 하랬어요

100 그 소식을 들었어요? 오늘 백화점에서 세일(　　　). 같이 쇼핑하러 갈까요?　소식:ニュース、便り、백화점:百貨店 →**Lesson 62**

A 래요　B 한대요　C 했대요　D 하재요

Lesson_5(p.19)

5-2(解答例)

① 이천 이십 이년 팔월 십육일
② 천 구백 구십 구년 삼월 오일
③ 공일-이삼사오-육칠구오
④ 공일이-삼사오육

5-3

① 공일공-이사삼사-일팔사공
② 이천십오년 오월 이십삼일
③ 삼만 구천 원
④ 천 삼백 칠 번
⑤ 우편번호 일칠공-오일사이
⑥ 십층
⑦ 육번 출구

Lesson_6(p.21)

6-2

① 종이 한 장
② 커피 한 잔
③ 사람 다섯 명
④ 밥 세 그릇
⑤ 케익 두 조각
⑥ 고양이 열두 마리
⑦ 맥주 열 병
⑧ 스물한 살
⑨ 자동차 스물일곱 대
⑩ 옷 열아홉 벌
⑪ 책 서른일곱 권
⑫ 바나나 세 개

6-3

① 스물 세 살이에요.
② 여섯 명이에요.
③ 다섯 시예요.
④ 서른 한 마리예요.
⑤ 스물 두 권이에요.

Lesson_7(p.23)

7-1

① 다섯 시예요.
② 세 시 오십오 분이에요.
③ 한 시 사십 분이에요.
④ 아홉 시 오 분이에요.
⑤ 열 시 삼십 분이에요.

7-2

① 수요일이에요.
② 십삼일이에요.
③ 목요일이에요.
④ 천 구백 구십 오년 팔월 삼십일일이에요.

7-3

1:05 한 시 오 분
2:20 두 시 이십 분
3:45 세 시 사십오 분
4:17 네 시 십칠 분
5:30 다섯 시 삼십 분
6:09 여섯 시 구 분
7:41 일곱 시 사십일 분
8:50 여덟 시 오십 분
9:12 아홉 시 십이 분
10:10 열 시 십 분
11:00 열한 시
12:03 열두 시 삼 분
8:14 여덟 시 십사 분
7:28 일곱 시 이십팔 분
1:18 한 시 십팔 분
4:46 네 시 사십육 분

Lesson_8(p.25)

8-1

① 저는
② 나는
③ 저희는
④ 우리는
⑤ 엄마는
⑥ 아빠는
⑦ 형은
⑧ 누나는
⑨ 언니는
⑩ 오빠는
⑪ 동생은
⑫ 선생님은
⑬ 어머니는
⑭ 아버지는
⑮ 할머니는
⑯ 할아버지는
⑰ 친구는
⑱ 가족은

8-2

① 는
② 은
③ 은
④ 는
⑤ 는
⑥ 은

8-3

① 우리 아빠는 회사원이에요.
(うちの兄は会社員です。)

② 우리 누나는 학생이에요.
(うちの姉は学生です。)

Lesson_9(p.27)

9-1

① 라디오예요.
② 컴퓨터예요.
③ 청바지예요.
④ 에어컨이에요.
⑤ 카메라예요.
⑥ 자켓이에요.
⑦ 인터넷이에요.
⑧ 선글라스예요.
⑨ 원피스예요.

9-2

① Q: 오늘은 월요일이에요?
A: 네, 오늘은 월요일이에요.

② Q: 내일은 화요일이에요?
A: 네, 내일은 화요일이에요.

③ Q: 지나는 학생이에요?
A: 네, 지나는 학생이에요.

④ Q: 이것은 자켓이에요?
A: 네, 이것은 자켓이에요.

⑤ Q: 저것은 청바지예요?
A: 네, 저것은 청바지예요.

9-3

① 언제
② 무슨
③ 어디
④ 누구
⑤ 누구
⑥ 어디

9-4

① 봄이요.
② 여름이요.
③ 가을이요.

④ 겨울이요.

⑤ 저요.

⑥ 15살이요.

⑦ 두 명이요.

⑧ 한 시요.

Lesson_10(p.29)

10-1

① 읽어요.

② 먹어요.

③ 바빠요.

④ 추워요.

⑤ 마셔요.

⑥ 있어요.

⑦ 없어요.

⑧ 만나요.

⑨ 사요.

⑩ 아파요.

⑪ 매워요.

⑫ 살아요.

⑬ 봐요.

⑭ 일어나요.

⑮ 따뜻해요.

10-2

① 먹어요

② 공부해요

③ 마셔요

④ 자요

⑤ 일어나요

⑥ 읽어요

10-3

① 저는 학교에서 한국어를 공부해요.

② 저는 도서관에 가요.

③ 저는 영국에서 살아요.

④ 어디에서 살아요?

⑤ 무슨 책을 읽어요?

Lesson_11(p.31)

11-1

① 티비를 봐요.

② 책을 읽어요.

③ 운동을 해요.

④ 김치를 먹어요.

⑤ 콜라를 마셔요.

11-2

① 언제 아침밥을 먹어요?

② 누구를 만나요?

③ 무슨 공부를 해요?

④ 뭐를 좋아해요?

⑤ 왜 술을 마셔요?

11-3

① 날씨가 좋아요.

② 기분이 나빠요.

③ 키가 커요.

④ 선생님이 가르쳐요.

⑤ 오빠가 운전해요.

11-4

① 저는 한국어를 공부해요.

② 선생님은 노트북을 사용해요.

③ 저는 여자친구가 필요해요.

④ 제 친구는 월요일을 싫어해요.

⑤ 유카리 씨는 운동을 좋아해요.

Lesson_12(p.33)

12-1

① 가수입니까? / 가수입니다.

② 경찰입니까? / 경찰입니다.

③ 엔지니어입니까? / 엔지니어입니다.
④ 군인입니까? / 군인입니다.
⑤ 비서입니까? / 비서입니다.
⑥ 회사원입니까? / 회사원입니다.

12-2

① 마십니까? / 마십니다.
② 갑니까? / 갑니다.
③ 있습니까? / 있습니다.
④ 먹습니까? / 먹습니다.
⑤ 후회합니까? / 후회합니다.
⑥ 약속합니까? / 약속합니다.

12-3

① 예쁩니까? / 예쁩니다.
② 짧니까? / 짧니다.
③ 맵습니까? / 맵습니다.
④ 맞습니까? / 맞습니다.
⑤ 피곤합니까? / 피곤합니다.
⑥ 행복합니까? / 행복합니다.

12-4

① 언제 옵니까?
② 어디에 갑니까?
③ 누구를 믿습니까?
④ 뭐를 합니까?
⑤ 어떻게 만듭니까?
⑥ 왜 포기합니까?

Lesson_13(p.35)

13-1

① 안 먹어요.
② 안 가요.
③ 안 해요.
④ 일 안 해요.
⑤ 운동 안 해요.
⑥ 안 멀어요.
⑦ 안 친절해요.
⑧ 안 중요해요.
⑨ 안 이상해요.

13-2

① 못 먹어요.
② 못 가요.
③ 운동 못 해요.

13-3

① 잘 먹어요.
② 잘 가요.
③ 운동 잘해요

13-4

① 미국 사람이 아니에요.
② 안 멀어요.
③ 안 봤어요.
④ 요리 못 해요.
⑤ 한국인이 아니에요.

13-5

① 저는 도서관에 안 가요.
② 저는 중국 사람이 아니에요.
③ 저는 한국말을 잘해요.
④ 저는 영어를 못 해요.
⑤ 제 여자친구는 피자를 안 먹어요.
⑥ 저는 안 피곤해요.

Lesson_14(p.37)

14-1

① 저는 김치랑 햄버거를 먹어요.
② 저는 고기랑 밥이랑 야채를 먹어요.
③ 저는 피자랑 스파게티를 먹어요.
④ 저는 치킨이랑 불고기를 먹어요.
⑤ 저는 빵이랑 우유랑 계란을 먹어요.

⑥ 저는 시리얼이랑 사과랑 포도를 먹어요.

14-2

① 저는 축구하고 야구를 좋아해요.

② 저는 일본하고 프랑스를 좋아해요.

③ 저는 런던하고 뉴욕을 좋아해요.

14-3

① 저는 책을 읽어요. 그리고 엄마는 TV를 봐요.

② 저는 물을 마셔요. 그리고 아빠는 빵을 먹어요.

③ 저는 공부를 해요. 그리고 동생은 요리를 해요.

14-4

① 라면은 싸고 맛있어요.

② 저는 초코우유를 마시고 오빠는 물을 마셔요.

③ 제 동생은 고등학교에 다니고 저는 대학교에 다녀요.

④ 저 사람은 유학생이고 일본어를 잘해요.

Lesson_15(p.39)

15-1

① 찾고 있어요.

② 듣고 있어요.

③ 기다리고 있어요.

④ 일하고 있어요.

⑤ 마시고 있어요.

⑥ 샤워하고 있어요.

⑦ 씻고 있어요.

⑧ 고치고 있어요.

⑨ 쇼핑하고 있어요.

15-2

① 기다리고 있어요.

② 마시고 있어요.

③ 고치고 있어요.

④ 듣고 있어요.

⑤ 씻고 있어요.

⑥ 읽고 있어요.

⑦ 살고 있어요.

⑧ 쇼핑하고 있어요.

⑨ 공부하고 있어요.

⑩ 보고 있어요.

Lesson_16(p.41)

16-1

① 쓰는 중이에요.

② 일하는 중이에요.

③ 충전하는 중이에요.

④ 하는 중이에요.

⑤ 고치는 중이에요.

⑥ 샤워하는 중이에요.

⑦ 씻는 중이에요.

⑧ 기다리는 중이에요.

⑨ 요리하는 중이에요.

16-2

① 하는 중이에요?

② 일하는 중이에요.

③ 요리하는 중이에요.

④ 듣는 중이에요.

⑤ 읽는 중이에요.

⑥ 공부 중이에요.

⑦ 가는 중이에요.

⑧ 노래를 부르는 중이에요.

⑨ 운동 중이에요.

⑩ 보는 중이에요.

Lesson_17(p.43)

17-1

① 입었어요.

② 더웠어요.

③ 왔어요.

④ 놀았어요.

⑤ 봤어요.

⑥ 먹었어요.

⑦ 맛있었어요.

⑧ 끝났어요.

⑨ 마셨어요.

⑩ 공부했어요.

⑪ 샤워했어요.

⑫ 일어났어요.

17-2

① 왔어요.

② 더웠어요.

③ 받았어요.

④ 읽었어요.

⑤ 봤어요.

⑥ 맛있었어요.

⑦ 마셨어요.

⑧ 공부했어요.

17-3

① 일어났어요. - 마셨어요.

② 샤워했어요. - 입었어요.

③ 먹었어요. - 맛있었어요.

④ 갔어요. - 공부했어요.

Lesson_18(p.45)

18-1

① 좋아서

② 사서

③ 늦어서

④ 작아서

⑤ 없어서

⑥ 와서

⑦ 끝나서

⑧ 아파서

⑨ 배고파서

⑩ 우울해서

⑪ 죄송해서

⑫ 심심해서

18-2

① 옷이 쌌어요. 그래서 샀어요.

② 재미없었어요. 그래서 그냥 왔어요.
面白くなかったです。なのでただ帰ってきました。

③ 배고팠어요. 그래서 힘이 없었어요.
お腹が空いていました。なので力(元気)がなかったです。

④ 심심했어요. 그래서 전화했어요.
退屈でした。なので電話しました。

⑤ 비가 왔어요. 그래서 우울했어요.
雨が降りました。なので憂鬱でした。

⑥ 날씨가 좋았어요. 그래서 기분이 좋았어요.
天気が良かったです。なので気分が良かったです。

18-3

① 목소리를 듣고 싶어서 전화했어요.

② 시간이 없어서 못 갔어요.
時間がなくて行けませんでした。

③ 피곤해서 안 갔어요.
疲れたので行きませんでした。

④ 안경이 필요해서 샀어요.
メガネが必要なので買いました。

⑤ 학교가 끝나서 도서관에 갔어요.
学校が終わったので図書館に行きました。

⑥ 돈이 없어서 못 샀어요.
お金がなくて買えませんでした。

Lesson_19(p.47)

19-1

① 없는데

② 보는데

③ 아는데

④ 입는데

⑤ 하는데

⑥ 사는데

⑦ 마시는데

⑧ 타는데

⑨ 만드는데

⑩ 일하는데

⑪ 모르는데

⑫ 사랑하는데

19-2

① 이 바지는 편해요. 그런데 디자인이 별로 예요.

② 돈은 많아요. 그런데 시간이 없어요.
お金は多い(たくさんある)です。ですが時間がありません。

③ 영어는 해요. 그런데 중국어를 못 해요.
英語はできます。ですが中国語は話せません。

④ 날씨는 좋아요. 그런데 우울해요.
天気はいいです。ですが憂鬱です。

⑤ 이 사람은 알아요. 그런데 저 사람은 몰라요.
この人は知っています。ですがあの人は知りません。

19-3

① 제 친구는 영국에서 사는데 영어를 못해요.

② 이 사람은 아는데 저 사람은 몰라요.
この人は知っていますがあの人は知りません。

③ 자전거는 못 타는데 운전은 해요.
自転車は載れませんが運転はします。

④ 핸드폰은 있는데 차가 없어요.
携帯電話はありますが車がありません。

⑤ 술은 마시는데 안 좋아해요.
お酒は飲みますが好きではありません。

Lesson_20(p.49)

20-1

① 많은데

② 매운데

③ 예쁜데

④ 귀여운데

⑤ 비싼데

⑥ 좋은데

⑦ 더운데

⑧ 추운데

⑨ 편한데

⑩ 우울한데

⑪ 불편한데

⑫ 행복한데

⑬ 따뜻한데

⑭ 성실한데

⑮ 필요한데

20-2

① 가고 싶은데 못 가요.

② 행복한데 왜 안 웃어요?

③ 예쁜데 왜 남자친구가 없어요?

④ 한국 음식은 매운데 맛있어요.

⑤ 밖은 추운데 안은 따뜻해요.

⑥ 그 인형은 귀여운데 비싸요.

⑦ 핸드폰은 필요한데 컴퓨터는 필요없어요.

⑧ 더 자고 싶은데 시간이 없어요.

⑨ 음료수를 마시고 싶은데 돈이 없어요.

⑩ 더 먹고 싶은데 배불러서 못 먹어요.

Lesson_21(p.51)

21-1

① 씻을 거예요.

② 쉴 거예요.

③ 할 거예요.

④ 줄 거예요.

⑤ 먹을 거예요.

⑥ 살 거예요.

⑦ 살 거예요.

⑧ 볼 거예요.

⑨ 놀 거예요.

21-2

① 씻을 거예요.

② 입을 거예요?

③ 쉴 거예요.

④ 만날 거예요.

⑤ 줄 거예요.

⑥ 갈 거예요?

⑦ 공부할 거예요.

21-3

① 오늘 뭐 할 거예요?

② 친구를 만날 거예요.

③ 어디에서 만날 거예요?

④ 서울에서 만날 거예요.

⑤ 어디에서 놀 거예요?

Lesson_22(p.53)

22-1

① 할게요.

② 들게요.

③ 보낼게요.

④ 줄게요.

⑤ 잡을게요.

⑥ 닫을게요.

⑦ 내릴게요.

⑧ 나갈게요.

⑨ 도울게요.

⑩ 전화할게요.

⑪ 기다릴게요.

⑫ 보여줄게요.

⑬ 들어갈게요.

⑭ 주문할게요.

⑮ 연락할게요.

22-2

① 주문할게요.

② 전화할게요.

③ 나갈게요.

22-3

① 쉴게요.

② 낼게요.

③ 요리할게요.

④ 다녀올게요.

Lesson_23(p.56)

23-1

① 저는 한국에서 살아요.

② 9(아홉)시에 가요.

③ 학교에서 공부해요.

④ 2000(이천)년 8(팔)월 20(이십)일에 태어났어요.

⑤ 뉴질랜드에서 일할 거예요.

23-2

① 에 - 에
先生は2010年にオーストラリアへ行きました。

② 에서
私はオーストラリアで日本語を勉強しました。

③ 에 - 에
私は私の友達と夏に日本に行きました。

④ 에서
日本で友だちに会いました。

⑤ 에 - 에
来年に中国へ行くつもりです。

⑥ 에서
私は中国、北京で暮らしています。

⑦ 에 - 에서
週末に家にいるつもりです。

⑧ 에
いつ韓国に来ましたか?

⑨ 에 - 에서
私は2012年にベトナムから来ました。

⑩ 에서
どこで友達に会いますか?

⑪ 에
学校に行っています。

⑫ 에 - 에
夏にマレーシアに行くつもりです。

⑬ 에 - 에서
日曜に映画館で映画を見るつもりです。

⑭ 에서
どこから来ましたか?

23-3

① 저는 학교에서 한국어를 공부해요.

② 저는 도서관에 가고 있어요.

③ 저는 러시아에서 살아요.

④ 커피숍에서 커피를 마셨어요.

⑤ 내년에 한국에 가요.

23-4

① 배로

② 비행기로

③ 지하철로

④ 이어폰으로

⑤ 택배로

⑥ 가위로

⑦ 젓가락으로

⑧ 숟가락으로

⑨ 봄에

⑩ 여름에

⑪ 가을에

⑫ 겨울에

23-5

① 에
1時に会いましょう。

② 로
はさみで切りました。

③ 에
冬にスキーをするつもりです。

④ 에
後ろにいます。

⑤ 로
船で一日かかりました。

⑥ 로
飛行機でどのくらいかかりますか?

⑦ 에
どこにいますか?

⑧ 으로
イヤホンで音楽を聞きます。

⑨ 로
地下鉄で10分かかります。

⑩ 로
車で3時間程度かかります。

⑪ 로
宅配で送りますね。

Lesson_24(p.59)

24-1

① 아침부터

② 오전부터

③ 버스 정류장에서

④ 점심부터

⑤ 오후부터

⑥ 언제부터

⑦ 저녁부터

⑧ 밤부터

⑨ 지하철역에서

24-2

① 부터
今日から運動します。

② 부터
今からダイエットします。

③ 에서 - 까지
ここから家まで近いですか?

④ 에서 - 까지 - 정도
ここからバス停まで何分くらいかかりますか?

⑤ 부터 - 까지
月曜日から金曜日まで働きます。

⑥ 에서
アメリカのどこから来ましたか?

⑦ 부터 - 까지
昨日6時から12時まで寝ました。

⑧ 까지
地下鉄の駅までどのくらいかかりますか。

24-3

① 부터 - 까지
何時から何時まで勉強しましたか?

② 에서 - 까지
ここから江南までいくらですか?

③ 에서 - 까지
仁川からソウルまでどれくらいかかりますか?

④ 부터 - 까지
今からいつまで寝るつもりですか?

⑤ 부터 - 까지
3時から1時まで勉強しました。

⑥ 부터 - 까지
昨日は何時から何時まで働きましたか?

⑦ 에서 - 까지
ソウルから釜山まで2時間半かかります。

⑧ 부터 - 까지
今から5時まで寝るつもりです。

Lesson_25(p.61)

25-1

① 일주일 후에

② 10분 후에

③ 잠시 후에

④ 끝난 후에

⑤ 끝낸 후에

⑥ 이를 닦은 후에

⑦ 치운 후에

⑧ 씻은 후에

⑨ 머리를 감은 후에

25-2

① 숙제한 후에 연락할게요.

② 영화를 본 후에 어디에 갔어요?

③ 단어를 외운 후에 시험을 볼 거에요.

④ 마스크는 사용한 후에 버렸어요.

⑤ 살을 뺀 후에 옷을 살 거에요.

25-3(解答例)

① 숙제한 후에 밥을 먹었어요.

② 샤워한 후에 티비를 봤어요.

Lesson_26(p.63)

26-1

① 데이트하고 나서

② 표를 끊고 나서

③ 자리에 앉고 나서

26-2

① 되고 나서

② 보고 나서

③ 일하고 나서

④ 끝나고 나서

⑤ 읽고 나서

26-3

① 들어간 다음에

② 구경한 다음에

③ 사진을 찍은 다음에

26-4

① 마신 다음에

② 만난 다음에

③ 화장한 다음에

④ 먹은 다음에

⑤ 샤워한 다음에

Lesson_27(p.65)

27-1

① 팔기 전에

② 끝나기 전에

③ 사용하기 전에

④ 만들기 전에

⑤ 나가기 전에

⑥ 시작하기 전에

27-1

① 수영하기 전에

② 영화가 시작되기 전에

③ 자기 전에

④ 출발하기 전에

⑤ 먹기 전에

⑥ 한국에서 살기 전에

⑦ 돌아가기 전에

27-1

① 차를 팔기 전에 고민했어요.

② 일주일 전에 결혼했어요.

③ 몇 년 전에 샀어요?

④ 10년 전에 왔어요?

⑤ 집을 나가기 전에 확인했어요.

Lesson_28(p.67)

28-1

① 기다리는 동안

② 먹는 동안

③ 라면을 끓이는 동안

④ 정리하는 동안

⑤ 찾는 동안

⑥ 설거지하는 동안

28-2

① 준비하는 동안

② 기다리는 동안

③ 운동하는 동안

④ 제가 운전하는 동안

⑤ 아빠가 청소하는 동안

⑥ 엄마가 라면을 끓이는 동안

⑦ 제가 책상을 정리하는 동안

28-3

① 몇 시간 동안 기다렸어요?

② 이틀 동안 연습했어요.

③ 일주일 동안 조사했어요.

④ 한 달 동안 훈련했어요.

⑤ 3일 동안 머물렀어요.

Lesson_29(p.69)

29-1

① 오자마자

② 듣자마자

③ 일어나자마자

④ 마시자마자

⑤ 만들자마자

⑥ 시작하자마자

⑦ 나가자마자

⑧ 출발하자마자

⑨ 답장하자마자

29-2

① 출발하자마자 비가 왔어요.

② 사자마자 고장났어요.

③ 만지자마자 망가졌어요.

④ 도착하자마자 연락했어요.

⑤ 받자마자 답장했어요.

⑥ 보자마자 반했어요.

⑦ 나가자마자 만났어요.

⑧ 찾자마자 잃어버렸어요.

⑨ 사자마자 후회했어요.

Lesson_30(p.71)

30-1

① 보고 싶어요.

② 팔고 싶어요.

③ 노래를 듣고 싶어요.

④ 알고 싶어요.

⑤ 연습하고 싶어요.

⑥ 그림을 그리고 싶어요.

⑦ 이기고 싶어요.

⑧ 만들고 싶어요.

⑨ 사진을 찍고 싶어요.

30-2

① Q: 여행하고 싶어요?
A: 네. 여행하고 싶어요.

② Q: 어디에서 쇼핑하고 싶어요?
A: 명동에서 쇼핑하고 싶어요.

③ Q: 언제 결혼하고 싶어요?
A: 내년에 결혼하고 싶어요.

④ Q: 뭐(를) 먹고 싶어요?
A: 치킨을 먹고 싶어요.

⑤ Q: 누구를 만나고 싶었어요?
A: 친구를 만나고 싶었어요.

⑥ Q: 뭐(를) 배우고 싶었어요?
A: 기타를 배우고 싶었어요.

30-3(解答例)

① 친구랑 영화를 보고 싶었어요.

② 저는 주말에 캠핑 가고 싶어요.

Lesson_31(p.73)

31-1

① 보내기 싫어요.

② 떠나기 싫어요.

③ 돌아가기 싫어요.

④ 일하기 싫어요.

⑤ 공부하기 싫어요.

⑥ 목욕하기 싫어요.

⑦ 지기 싫어요.

⑧ 노래하기 싫어요.

⑨ 생각하기 싫어요.

31-2

① Q: 뛰고 싶어요? - A: 아니요, 뛰기 싫어요.

② Q: 걷고 싶어요? - A: 아니요, 걷기 싫어요.

③ Q: 씻고 싶어요? - A: 아니요, 씻기 싫어요.

④ Q: 일어나고 싶어요?
A: 아니요, 일어나기 싫어요.

⑤ Q: 싸우고 싶었어요?
A: 아니요, 싸우기 싫어요.

⑥ Q: 알고 싶었어요?
A: 아니요, 알기 싫었어요.

31-3(解答例)

① 기다리기 싫어요.

② 야채를 먹기 싫었어요.

Lesson_32(p.75)

32-1

① 해 주세요.

② 기다려 주세요.

③ 싸 주세요.

④ 포장해 주세요.

⑤ 요리해 주세요.

⑥ 열어 주세요.

⑦ 안아 주세요.

⑧ 보내 주세요.

⑨ 닫아 주세요.

⑩ 확인해 주세요.

⑪ 들어 주세요.

⑫ 가르쳐 주세요.

⑬ 빌려 주세요.

⑭ 전화해 주세요.

⑮ 키스해 주세요.

⑯ 환불해 주세요.

⑰ 교환해 주세요.

⑱ 약속해 주세요.

32-2

① 가 주세요.

② 사 주세요.

③ 조용히 해 주세요.

④ 기다려 주세요.

⑤ 찍어 주세요.

⑥ 찾아 주세요.

Lesson_33(p.77)

33-1

① 켜 주시겠어요?

② 꺼 주시겠어요?

③ 확인해 주시겠어요?

④ 들어 주시겠어요?

⑤ 잡아 주시겠어요?

⑥ 말씀해 주시겠어요?

⑦ 기다려 주시겠어요?

⑧ 빌려 주시겠어요?

⑨ 배달해 주시겠어요?

⑩ 바꿔 주시겠어요?

⑪ 도와 주시겠어요?

⑫ 충전해 주시겠어요?

33-2

① 켜 주시겠어요?

② 꺼 주시겠어요?

③ 바꿔 주시겠어요?

④ 말씀해 주시겠어요?

⑤ 빌려 주시겠어요?

⑥ 들어 주시겠어요?

⑦ 가르쳐 주시겠어요?

⑧ 충전해 주시겠어요?

Lesson_34(p.79)

34-1

① 써야 돼요.

② 타야 돼요.

③ 이겨야 돼요.

④ 찾아야 돼요.

⑤ 일어나야 돼요.

⑥ 성공해야 돼요.

⑦ 준비해야 돼요.

⑧ 연습해야 돼요.

⑨ 도착해야 돼요.

34-2

① 가야 돼요.

② 일어나야 돼요.

③ 타야 돼요.

④ 도착해야 돼요.

⑤ 찾아야 돼요.

⑥ 준비해야 돼요.

34-2

① 써야 돼요.
② 꼭 만나야 돼요.
③ 공부해야 돼요.
④ 꼭 이겨야 돼요.
⑤ 타야 돼요.

Lesson_35(p.81)

35-1

① 안 자도 돼요.
② 안 배워도 돼요.
③ 돈을 안 갚아도 돼요.
④ 안 만들어도 돼요.
⑤ 안 해도 돼요.
⑥ 안 일어나도 돼요.
⑦ 일 안 해도 돼요.
⑧ 안 먹어도 돼요.
⑨ 안 기다려도 돼요.
⑩ 안 잘라도 돼요.
⑪ 안 와도 돼요.
⑫ 안 돌아가도 돼요.

35-2

① 안 마셔도 돼요.
② 안 해도 돼요.
③ 안 배워도 돼요.
④ 안 가도 돼요.
⑤ 안 일어나도 돼요.
⑥ 일 안 해도 돼요.
⑦ 안 잘라도 돼요
⑧ 안 입어도 돼요
⑨ 돈을 안 갚아도 돼요

Lesson_36(p.83)

36-1

① 열어도 돼요.
② 닫아도 돼요.
③ 가지고 와도 돼요.(가져와도 돼요.)
④ 버려도 돼요.
⑤ 앉아도 돼요.
⑥ 가지고 가도 돼요.(가져가도 돼요.)
⑦ 전화해도 돼요.
⑧ 빌려도 돼요.
⑨ 취소해도 돼요.

36-1

① 전화해도 돼요? - 전화해도 돼요.
② 닫아도 돼요? - 닫아도 돼요.
③ 열어도 돼요? - 열어도 돼요.
④ 빌려도 돼요? - 빌려도 돼요.
⑤ 버려도 돼요? - 버려도 돼요.
⑥ 가져가도 돼요? - 가져가도 돼요.

36-1

① Q: 여기에 앉아도 돼요? - A: 네, 앉아도 돼요.
② Q: 이 음식을 먹어도 돼요?
A: 네, 먹어도 돼요
③ Q: 약속을 취소해도 돼요?
A: 네, 취소해도 돼요.

Lesson_37(p.85)

37-1

① 사진을 찍으면 안 돼요.
② 떠들면 안 돼요.
③ 이야기하면 안 돼요.(얘기하면 안 돼요.)
④ 소리를 지르면 안 돼요.
⑤ 만지면 안 돼요.
⑥ 데리고 가면 안 돼요.(데려가면 안 돼요.)

⑦ 움직이면 안 돼요.

⑧ 보여주면 안 돼요.

⑨ 데리고 오면 안 돼요.(데려오면 안 돼요.)

37-2

① Q: 지금 들어가면 안 돼요?
A: 들어와도 돼요.

② Q: 이거 사면 안 돼요? - A: 사도 돼요.

③ Q: 이 펜을 쓰면 안 돼요? - A: 써도 돼요.

④ Q: 사진을 찍으면 안 돼요?
A: 찍어도 돼요.

⑤ Q: 문을 열면 안 돼요? - A: 열어도 돼요.

37-3

① 여기에서 자면 안 돼요.

② 교실에서 노래를 부르면 안 돼요.

③ 도서관에서 이야기하면 안 돼요.

④ 제 컴퓨터를 사용하면 안 돼요.

⑤ 지하철에서 떠들면 안 돼요.

Lesson_38(p.87)

38-1

① 볼래요?

② 올래요?

③ 열래요?

④ 사귈래요?

⑤ 먹을래요?

⑥ 쇼핑할래요?

⑦ 갈래요?

⑧ 마실래요?

⑨ 게임할래요?

38-2

① 할래요?

② 쇼핑할래요?

③ 게임할래요?

④ 쉴래요?

38-3

① 저랑 서울 구경할래요?

② 오늘 만날래요?

③ 뭐(를) 먹을래요?

④ 저랑 사귈래요?

⑤ 소풍갈래요?

Lesson_39(p.89)

39-1

① 탈까요?

② 떠날까요?

③ 춤을 출까요?

④ 배울까요?

⑤ 놀까요?

⑥ 이야기할까요?

⑦ 잡을까요?

⑧ 마실까요?

⑨ 결혼할까요?

39-2

① 할까요?

② 볼까요?

③ 갈까요?

④ 놀이공원에 가고 싶어요.

⑤ 만날까요?

⑥ 만나요.

39-3

① 저랑 서울 구경할까요?

② 스페인어를 같이 배울까요?

③ 수영장에 갈까요?

④ 밥을 먹을까요?

⑤ 같이 숙제할까요?

Lesson_40(p.91)

40-1

① 쉬는 게 어때요?

② 뛰는 게 어때요?

③ 잊는 게 어때요?

④ 여는 게 어때요?

⑤ 짓는 게 어때요?

⑥ 쓰는 게 어때요?

⑦ 배우는 게 어때요?

⑧ 닫는 게 어때요?

⑨ 버는 게 어때요?

⑩ 켜는 게 어때요?

⑪ 끄는 게 어때요?

⑫ 부탁하는 게 어때요?

40-2

① 이태원에서 만나는 게 어때요?

② 샤부샤부를 먹는 게 어때요?

③ 바다에 가는 게 어때요?

④ 10만원에 파는 게 어때요?

⑤ 집에서 노는 게 어때요?

⑥ 액션영화를 보는 게 어때요?

⑦ 코트를 사는 게 어때요?

⑧ 아빠한테 부탁하는 게 어때요?

Lesson_41(p.93)

41-1

① 잘걸요?

② 할걸요?

③ 쉬울걸요?

④ 열걸요?

⑤ 착할걸요?

⑥ 어려울걸요?

⑦ 돌아올걸요?

⑧ 재미없을걸요?

⑨ 충분할걸요?

41-2

① 아마(아마도) 있을걸요?

② 아마(아마도) 없을걸요?

③ 아마(아마도) 많을걸요?

41-3

① 아마(아마도) 끝났을걸요?

② 아마(아마도) 시작됐을걸요?

41-4

① 아마(아마도) 오고 있을걸요?

② 아마(아마도) 자고 있을걸요?

Lesson_42(p.95)

42-1

① 탈 수 있어요.

② 읽을 수 있어요.

③ 그림을 그릴 수 있어요.

④ 만들 수 있어요.

⑤ 요리할 수 있어요.

⑥ 일어날 수 있어요.

⑦ 이해할 수 있어요.

⑧ 할 수 있어요.

⑨ 운전할 수 있어요.

42-2

① 네, 프랑스어를 할 수 있어요.
/ 아니요, 프랑스어를 못 해요.

② 네, 일찍 일어날 수 있어요.
/ 아니요, 일찍 못 일어나요.

③ 네, 운전할 수 있어요.
/ 아니요, 운전 못 해요.

42-3

① Q: 스케이트보드를 탈 수 있어요?
A: 네, 저는 스케이트보드를 탈 수 있어요.
/ 아니요, 못 타요.

② Q: 한국말을 할 수 있어요?
A: 네, 한국말을 할 수 있어요.
/ 아니요, 한국말을 못 해요.

③ Q: 버스를 운전할 수 있어요?
A: 네, 버스를 운전할 수 있어요.
/ 아니요, 운전 못 해요.

④ Q: 중국 음식을 요리할 수 있어요?
A: 네, 중국 음식을 요리할 수 있어요.
/ 아니요, 중국 음식을 요리 못 해요.

⑤ Q: 그림을 그릴 수 있어요?
A: 네, 그림을 그릴 수 있어요.
/ 아니요, 그림을 못 그려요.

Lesson_43(p.97)

43-1

① 고칠 줄 알아요(몰라요).

② 주문할 줄 알아요(몰라요).

③ 읽을 줄 알아요(몰라요).

④ 칠 줄 알아요(몰라요).

⑤ 수영할 줄 알아요(몰라요).

⑥ 쓸 줄 알아요(몰라요).

⑦ 할 줄 알아요(몰라요).

⑧ 만들 줄 알아요(몰라요).

⑨ 연주할 줄 알아요(몰라요).

43-2

① 네(아니요), 한국어로 주문할 줄 알아요(몰라요).

② 네(아니요), 샌드위치를 만들 줄 알아요(몰라요).

③ 네(아니요), 바이올린을 연주할 줄 알아요(몰라요).

43-3

※를/을は省略してもよい。

① Q: 스키를 탈 줄 알아요?
A: 네(아니요), 저는 스키를 탈 줄 알아요(몰라요).

② Q: 한국어를 할 줄 알아요?
A: 네(아니요), 저는 한국어를 할 줄 알아요(몰라요).

③ Q: 스노우보드를 탈 줄 알아요?
A: 네(아니요), 저는 스노우보드를 탈 줄 알아요(몰라요).

④ Q: 수영할 줄 알아요?
A: 네(아니요), 저는 수영을 할 줄 알아요(몰라요).

⑤ Q: 드럼을 칠 줄 알아요?
A: 네(아니요), 저는 드럼을 칠 줄 알아요(몰라요).

Lesson_44(p.99)

44-1

※를/을は省略してもよい。

① 사귀어 본 적이 있어요(없어요).

② 수영(을) 해 본 적이 있어요(없어요).

③ 데이트(를) 해 본 적이 있어요(없어요).

④ 입어 본 적이 있어요(없어요).

⑤ 쫓겨나 본 적이 있어요(없어요).

⑥ 잃어버려 본 적이 있어요(없어요).

⑦ 빌려 본 적이 있어요(없어요).

⑧ 생각해 본 적이 있어요(없어요).

⑨ 다이어트(를) 해 본 적이 있어요(없어요).

44-2

① Q: 한복을 입어 본 적이 있어요?
A: 네(아니요), 한복을 입어 본 적이 있어요(없어요).

② Q: 여자친구를 사귀어 본 적이 있어요?
A: 네(아니요), 여자친구를 사귀어 본 적이 있어요(없어요).

③ Q: 돈을 빌려 본 적이 있어요?
A: 네(아니요), 돈을 빌려 본 적이 있어요(없어요).

④ Q: 알바해 본 적이 있어요?
A: 네(아니요), 알바 해 본 적이 있어요(없어요).

⑤ Q: 여권을 잃어버려 본 적이 있어요?
A: 네(아니요), 여권을 잃어버려 본 적이 있어요(없어요).

⑥ Q: 오토바이를 타 본 적이 있어요?
A: 네(아니요), 오토바이를 타 본 적이 있어요(없어요).

⑦ Q: 영국에서 놀아 본 적이 있어요?
A: 네(아니요), 영국에서 놀아 본 적이 있어요(없어요).

⑧ Q: 바다에서 수영해 본 적이 있어요?
A: 네(아니요), 바다에서 수영 해 본 적이 있어요(없어요).

⑨ Q: 집에서 쫓겨나 본 적이 있어요?
A: 네(아니요), 집에서 쫓겨나 본 적이 있어요(없어요).

⑩ Q: 김밥을 먹어 본 적이 있어요?
A: 네(아니요), 김밥을 먹어 본 적이 있어요(없어요).

Lesson_45(p.101)

45-1

① 비빔밥을 먹어 봤어요?
② 해리포터를 읽어 봤어요?
③ 홍콩에 가 봤어요?
④ 비행기를 타 봤어요?
⑤ 드레스를 입어 봤어요?
⑥ 친구하고(랑) 이야기해(얘기해) 봤어요?
⑦ 영어를 가르쳐 봤어요?
⑧ 노래를 들어 봤어요?
⑨ 커피를 마셔 봤어요?

45-2

① 네,(태국에) 가 봤어요.
/ 아니요,(태국에) 안 가 봤어요.

② 네,(트럭을) 운전해 봤어요.
/ 아니요,(트럭을) 운전 안 해 봤어요.

③ 네,(스카이다이빙을) 해 봤어요.
/ 아니요,(스카이다이빙을) 안 해 봤어요.

④ 네,(녹차를) 마셔 봤어요.
/ 아니요,(녹차를) 안 마셔 봤어요.

⑤ 네,(스키를) 타 봤어요.
/ 아니요,(스키를) 안 타 봤어요.

Lesson_46(p.103)

46-1

① 해 봐요.
② 웃어 봐요.
③ 찾아 봐요.
④ 만나 봐요.
⑤ 보내 봐요.
⑥ 마셔 봐요.

46-2

① 먹어 보고 싶어요.
② 해 보고 싶어요.
③ 말해 보고 싶어요.
④ 입어 보고 싶어요.
⑤ 사랑해 보고 싶어요.
⑥ 도전해 보고 싶어요.

46-3

① 해 볼게요.
② 물어 볼게요.
③ 고쳐 볼게요.
④ 찾아 볼게요.
⑤ 고백해 볼게요.
⑥ 이해해 볼게요.

46-4

① 가 볼까요?
② 해 볼까요?
③ 먹어 볼까요?
④ 신청해 볼까요?
⑤ 연습해 볼까요?

⑥ 시작해 볼까요?

46-5

① 해 봐도 돼요?

② 물어 봐도 돼요?

③ 입어 봐도 돼요?

④ 만져 봐도 돼요?

⑤ 마셔 봐도 돼요?

⑥ 써 봐도 돼요?

Lesson_47(p.105)

47-1

① 춥네요.

② 덥네요.

③ 쉽네요.

④ 그립네요.

⑤ 예쁘네요.

⑥ 귀엽네요.

⑦ 간단하네요.

⑧ 대단하네요.

⑨ 불쌍하네요.

47-2

① 왔네요.

② 있었네요.

③ 샀네요.

④ 찾았네요.

⑤ 버렸네요.

⑥ 잘했네요.

⑦ 도망갔네요.

⑧ 연습했네요.

⑨ 실수했네요.

47-3

① 비싸네요.

② 대단하네요.

③ 귀엽네요.

④ 잘하네요.

⑤ 어리네요.

⑥ 없네요.

Lesson_48(p.107)

48-1

① 춥죠.

② 덥죠.

③ 쉽죠.

④ 같죠.

⑤ 어렵죠.

⑥ 비싸죠.

⑦ 귀엽죠.

⑧ 다르죠.

⑨ 간단하죠.

⑩ 대단하죠.

⑪ 복잡하죠.

⑫ 많죠.

48-2

① 갔죠.

② 손을 잡았죠.

③ 돌아다녔죠.

④ 만났죠.

⑤ 마셨죠.

⑥ 사진을 찍었죠.

48-3

① 올 거죠.

② 여행할 거죠.

③ 숙제할 거죠.

④ 배울 거죠.

⑤ 기억할 거죠.

⑥ 연습할 거죠.

48-4

① 쉽죠? - 아니요, 너무 어려워요.(いいえ、とても難しいです。)

② 시끄럽죠? - 네, 귀가 아파요.(はい、耳が痛いです。)

③ 피곤하죠? - 네, 어제 너무 늦게 잤어요.(はい、昨日はとても遅く寝ました。)

④ 배고프죠? - 아니요, 조금 전에 빵을 먹었어요.(いいえ、少し前にパンを食べました。)

⑤ 같죠? - 아니요, 달라요.(いいえ、違います。)

Lesson_49(p.109)

49-1

① 큰 개

② 많은 사람

③ 맛있는 음식

④ 착한 남자

⑤ 더러운 집

⑥ 친한 친구

⑦ 이상한 냄새

⑧ 깨끗한 방

⑨ 똑똑한 선생님

49-2

① 맛있는

② 친한

③ 예쁜

④ 큰

⑤ 차가운

⑥ 있는

⑦ 조용한

⑧ 꿈이 있는

Lesson_50(p.111)

50-1

① 가는 데

② 만나는 사람

③ 요리하는 엄마

④ 파는 친구

⑤ 일하는 남자

⑥ 청소하는 누나

50-2

① 먹은 음식

② 버린 쓰레기

③ 졸업한 학생

④ 받은 선물

⑤ 예약한 손님

⑥ 결혼한 남자

50-3

① 받을 돈

② 입을 옷

③ 준비할 시간

④ 줄 선물

⑤ 쓸 물건

⑥ 주문할 음식

50-4

① 일하는

② 거짓말하는

③ 주문한

④ 예약한

⑤ 쓸

Lesson_51(p.113)

51-1

① 초등학생인 것 같아요.

② 중학생인 것 같아요.

③ 고등학생인 것 같아요.

④ 대학생인 것 같아요.

⑤ 20살인 것 같아요.

⑥ 아기인 것 같아요.

⑦ 예쁜 것 같아요.

⑧ 비싼 것 같아요.

⑨ 늦은 것 같아요.

51-2

① 초보자였던 것 같아요.

② 천재였던 것 같아요.

③ 외국이었던 것 같아요.

④ 따뜻했던 것 같아요.

⑤ 몰랐던 것 같아요.

⑥ 좋았던 것 같아요.

51-3

① 경찰일 것 같아요.

② 공무원일 것 같아요.

③ 사장님일 것 같아요.

④ 선배일 것 같아요.

⑤ 후배일 것 같아요.

⑥ 있을 것 같아요.

⑦ 없을 것 같아요.

⑧ 셀 것 같아요.

⑨ 차가울 것 같아요.

51-4

① 예쁜 것 같아요.

② 비싼 것 같아요.

③ 큰 것 같아요.

Lesson_52(p.115)

52-1

① 잘하는 것 같아요.

② 못하는 것 같아요.

③ 싸우는 것 같아요.

④ 청소하는 것 같아요.

⑤ 쳐다보는 것 같아요.

⑥ 기다리는 것 같아요.

⑦ 만드는 것 같아요.

⑧ 씻는 것 같아요.

⑨ 거짓말하는 것 같아요.

52-2

① 화해한 것 같아요.

② 실수한 것 같아요.

③ 화난 것 같아요.

④ 버린 것 같아요.

⑤ 지친 것 같아요.

⑥ 죽은 것 같아요.

52-3

① 걸릴 것 같아요.

② 쓰러질 것 같아요.

③ 토할 것 같아요.

④ 도착할 것 같아요.

⑤ 나올 것 같아요.

⑥ 늦을 것 같아요.

52-4

① 늦을 것 같아요.

② 걸릴 것 같아요?

③ 도착할 것 같아요.

④ 싸우는 것 같아요.

⑤ 화해한 것 같아요.

Lesson_53(p.117)

53-1

① 쉬세요.

② 배우세요.

③ 버리세요.

④ 참으세요.

⑤ 질문하세요.

⑥ 기다리세요.

⑦ 타세요.

⑧ 돌아가세요.

⑨ 돌아오세요.

⑩ 쓰세요.

⑪ 조용히 하세요.

⑫ 청소하세요.

53-2

① 머리가 아파요.(頭が痛いです。)
집에서 쉬세요. (家で休んでください。)

② 여기에 쓰레기가 많은데 어떻게 해요?
(ここにごみが多いんですがどうしますか?)
쓰레기통에 버리세요.
(ゴミ箱に捨ててください。)

③ 이거 잘 모르겠어요.
(これ(が)よく分からないです。)
선생님한테 질문하세요.
(先生に質問してください。)

④ 지금 강남에 가는데 무슨 버스를 타야 돼요?
(今、江南に行くんですがどのバスに乗ればいいですか?)
1550-1번 버스를 타세요.
(1550-1番バスに乗ってください。)

⑤ 다이어트 중인데 야식을 먹고 싶어요.
(ダイエット中ですが夜食が食べたいです。)
참으세요.(我慢してください。)

53-3

① 쓰세요.

② 기다리세요.

③ 청소하세요.

Lesson_54(p.119)

54-1

① 밀지 마세요.

② 참지 마세요.

③ 베끼지 마세요.

④ 바꾸지 마세요.

⑤ 떠들지 마세요.

⑥ 싸우지 마세요.

⑦ 걱정하지 마세요.

⑧ 기대하지 마세요.

⑨ 그만두지 마세요.

⑩ 만지지 마세요.

⑪ 듣지 마세요.

⑫ 담배를 피우지 마세요.

54-2

① 운동을 너무 열심히 해서 힘들어요. 쉬고 싶어요.
(運動を一生懸命しすぎて疲れました。休みたいです。)
겨우 10분 지났어요. 쉬지 마세요.
(やっと10分過ぎました。休まないでください。)

② 제 컴퓨터를 바꾸고 싶어요.
(私のパソコンを変えたいです。)
요즘 컴퓨터가 너무 비싸요. 바꾸지 마세요.
(最近はパソコンが高すぎます。変えないでください。)

③ 맛이 없어요.(おいしくないです。)
그럼 먹지 마세요.(なら食べないでください。)

④ 일을 그만두고 싶어요.(仕事を辞めたいです。)
조금만 더 참으세요. 그만두지 마세요.
(少しだけ我慢してください。やめないでください。)

⑤ 저는 도시가 싫어요.(私は都会が嫌です。)
그럼 도시에서 살지 마세요.
(なら都会に住まないでください。)

54-3

① 담배를 피우지 마세요.

② 떠들지 마세요.

③ 하지 마세요.

Lesson_55(p.121)

55-1

① 냄새나니까 씻으세요.

② 추우니까 집에 있으세요.

③ 더러우니까 만지지 마세요.

④ 피곤하니까 빨리 끝내세요.

⑤ 괜찮으니까 천천히 오세요.

55-2

① 좋으니까
天気がいいので公園に行きましょうか?

② 없으니까
時間が無いので早く終わらせましょうか?

③ 필요하니까
なぜカメラを買ったのですか? 必要なので買ったんですよ。

④ 좋으니까
なぜ田舎が好きですか? 空気がよいので好きなんですよ。

⑤ 있으니까
たくさんあるのでもっと食べてもよいですよ。

⑥ 뜨거우니까
水が熱いので気をつけてください。

⑦ 무거우니까
それは重いので私が持ちますね。

⑧ 피곤하니까
今(は)忙しいので後でしますね。

⑨ 아프니까
今(は)頭が痛いので後で話しましょう。

Lesson_56(p.123)

56-1

① 가세요 - 가셨어요 - 가실 거예요

② 읽으세요 - 읽으셨어요 - 읽으실 거예요

③ 아세요 - 아셨어요 - 아실 거예요

④ 사세요 - 사셨어요 - 사실 거예요

⑤ 주무세요 - 주무셨어요 - 주무실 거예요

⑥ 하세요 - 하셨어요 - 하실 거예요

⑦ 생각하세요 - 생각하셨어요 - 생각하실 거예요

⑧ 결혼하세요 - 결혼하셨어요 - 결혼하실 거예요

⑨ 드세요 - 드셨어요 - 드실 거예요

⑩ 보내세요 - 보내셨어요 - 보내실 거예요

⑪ 기다리세요 - 기다리셨어요 - 기다리실 거예요

⑫ 말씀하세요 - 말씀하셨어요 - 말씀하실 거예요

Lesson_57(p.125)

57-1

① 쉬워 보여요.

② 커 보여요.

③ 작아 보여요.

④ 매워 보여요.

⑤ 짜 보여요.

⑥ 늙어 보여요.

⑦ 어려워 보여요.

⑧ 더러워 보여요.

⑨ 힘들어 보여요.

⑩ 맛있어 보여요.

⑪ 어려 보여요.

⑫ 무거워 보여요.

⑬ 뚱뚱해 보여요.

⑭ 깨끗해 보여요.

⑮ 피곤해 보여요.

⑯ 날씬해 보여요.

⑰ 멍청해 보여요.

⑱ 중요해 보여요.

57-2

① 그거 조금 무거워 보이는데 괜찮아요?
それ(は)少し重そうに見えますが大丈夫ですか?

② 어젯밤에 잘 못 잤어요? 피곤해 보여요.
昨晩に(は)よく眠れませんでしたか?疲れて見えます。

③ 힘들어 보여요. 도와줄까요?
疲れて見えます。手伝いましょうか?

④ 저 뚱뚱해 보여요?
私(は)太って見えますか?

⑤ 그거 뭐예요? 진짜 더러워 보여요.
それ(は)なんですか?本当に汚く見えます。

⑥ 저 남자는 머리가 커 보여요.
あの男性は頭が大きく見えます。

Lesson_58(p.127)

58-1

① 보러 갔어요.

② 사러 갔어요.

③ 놀러 갔어요.

④ 찾으러 갔어요.

⑤ 일하러 갔어요.

⑥ 공부하러 갔어요.

58-2

① 바꾸러 왔어요.

② 받으러 왔어요.

③ 만나러 왔어요.

④ 주러 왔어요.

⑤ 마시러 왔어요.

⑥ 가르치러 왔어요.

58-3

① 일본어를 가르치러 호주에 갔어요.

② 영화를 보러 (영화관에) 가요.

③ 책을 사러 (서점에) 갔어요.

④ 핸드폰을 찾으러 왔어요.

⑤ 갈비를 먹으러 갈 거예요.

58-4(解答例)

① 오로라를 보러 알래스카에 가고 싶어요.

② 한국에 일하러 왔어요.

③ 도서관에 공부를 하러 갈 거예요.

Lesson_59(p.129)

59-1

① 타려고요.

② 주려고요.

③ 읽으려고요.

④ 떠나려고요.

⑤ 먹고 살려고요.

59-2

① 취하려고 술을 마셔요.

② 여행하려고 돈을 벌어요.

③ 취직하려고 영어를 공부해요.

④ 부탁하려고 전화했어요.

⑤ 먹고 살려고 배웠어요.

59-3

① 일찍 자려고 했는데 못 잤어요.

② 숙제하려고 했는데 못 했어요.

③ 주려고 했는데 못 줬어요.

④ 주문하려고 했는데(주문을) 못 했어요.

⑤ 돈을 모으려고 했는데(돈을) 못 모았어요.

Lesson_60(p.131)

60-1

① 심심할 때
退屈なとき(は)何をしますか?

② 어릴 때
幼い時(の)夢は何でしたか?

③ 먹을 때
食べるとき(は)喋らないでください。

④ 살 때
中国に住んでいたとき(に)中国語を勉強しました。

⑤ 요리할 때
料理するとき(は)幸せです。

⑥ 일할 때
働くとき(に)必要です。

⑦ 쇼핑할 때
ショッピングするとき(は)どこへ行きますか?

60-2

① 학교에 다닐 때 학교를 싫어했어요. 그런데 지금은 그리워요.

② 여행할 때 카메라가 필요해요.

③ 출발할 때 전화해 주세요.

④ 운전할 때 핸드폰을 쓰지 마세요.

⑤ 바쁠 때 전화하지 마세요.

⑥ 학생 때 공부를 못했어요.

⑦ 티비를 볼 때 방해하지 마세요.

⑧ 사진을 찍을 때 움직이지 마세요.

Lesson_61(p.133)

61-1

① 가면
韓国に行ったら誰に会いたいですか?

② 받으면
私はプレゼントを受け取ったらうれしいと思います。

③ 심심하면
退屈なら友達と映画を見てください。

④ 매우면
辛いなら食べないでください。

⑤ 벌면
もしお金をたくさん稼いだら何を買いたいですか?

⑥ 시간이 있으면
もし明日時間があるなら会いましょうか?

⑦ 도착하면
空港に到着したら連絡しますね。

61-2

① 싸면 사고, 비싸면 사지 마세요.

② 비싸면 안 사도 돼요.

③ 밤을 새면 피곤해요.

④ 혼자 살면 외로워요.

⑤ 추우면 두꺼운 옷을 입으세요.

⑥ 애완동물이 걱정되면 영상통화를 하는 게 어때요?

⑦ 더우면 옷을 벗으세요.

⑧ 열쇠(를) 찾으면 꼭 연락해 주세요.

Lesson_62(p.135)

62-1

① 배우래요.

② 디자이너래요.

③ 작가래요.

④ 회계사래요.

⑤ 모델이래요.

⑥ 연예인이래요.

⑦ 사업가래요.

⑧ 운동선수래요.

⑨ 회사원이래요.

62-2

① 슬프대요. - 슬펐대요. - 슬플 거래요.

② 기쁘대요. - 기뻤대요. - 기쁠 거래요.

③ 같대요. - 같았대요. - 같을 거래요.

④ 시끄럽대요. - 시끄러웠대요. - 시끄러울 거래요.

⑤ 깨끗하대요. - 깨끗했대요. - 깨끗할 거래요.

⑥ 위험하대요. - 위험했대요. - 위험할 거래요.

⑦ 온대요. - 왔대요. - 올 거래요.

⑧ 모른대요. - 몰랐대요. - 모를 거래요.

⑨ 먹는대요. - 먹었대요. - 먹을 거래요.

⑩ 잊는대요. - 잊었대요. - 잊을 거래요.

⑪ 결혼한대요. - 결혼했대요. - 결혼할 거래요.

⑫ 이혼한대요. - 이혼했대요. - 이혼할 거래요.

確認テスト(p.138-147)

1	B	26	A, C	51	D	76	A
2	D, A	27	A, A, A	52	C	77	B
3	A, E	28	C, A	53	C	78	C
4	C	29	B, D	54	A	79	D, D
5	B	30	D, A	55	C	80	B
6	C	31	D	56	A	81	B
7	A	32	B	57	C	82	B
8	B	33	C	58	B	83	A
9	C	34	B	59	D	84	B
10	A	35	A	60	D	85	B
11	D	36	B	61	C	86	D
12	B	37	B	62	B	87	C
13	B	38	D	63	B	88	C
14	A, B	39	C	64	C	89	B
15	A	40	B, B	65	A	90	B
16	B	41	A	66	B	91	D
17	B, B	42	A	67	A, A	92	C
18	D	43	D	68	A	93	A
19	A	44	C	69	D	94	D
20	C	45	D	70	C	95	C
21	B	46	B	71	D	96	D
22	B	47	B	72	B	97	D
23	C	48	C	73	A	98	C
24	B	49	D	74	C, C	99	A
25	A	50	C	75	B	100	B

単語リスト

名詞	
ㄱ	
가게	店
가방	鞄
가을	秋
간식	間食、おやつ
간장	醤油
감자	じゃがいも
강	川
개	犬
거북이	亀
거울	鏡
건너편	向かい側
건물	建物
겨울	冬
경제	経済
경찰서	警察署
경치	景色
계단	階段
계란	卵
계획	計画
고구마	さつまいも
고기	肉
고양이	猫
고추	唐辛子
곰	熊
공원	公園
공짜	タダ(無料)
공책	ノート
공항	空港
과목	科目
과일	果物
과학	科学
교실	教室
교통카드	交通カード(交通用ICカード)
교회	教会
구두	靴
구름	雲
국내	国内
귤	みかん
그릇	器、入れ物
기차	汽車
ㄴ	
나무	木
날씨	天気
남방	シャツ
낮	昼
내일	明日
냉장고	冷蔵庫
노래	歌
노래방	カラオケボックス
농구	バスケットボール
눈	雪
ㄷ	
다람쥐	リス
달력	カレンダー、暦
닭고기	鶏肉
담배	煙草
당근	人参
대사관	大使館
도마뱀	トカゲ
도서관	図書館
돈	金、お金
돌	石
동료	同僚
돼지고기	豚肉
두부	豆腐
뒤	後、後ろ
딸기	イチゴ
땅	土
ㄹ	
라면	ラーメン

ㅁ	
마늘	ニンニク
말	馬
맥주	ビール
명함	名刺
모래	砂
모자	帽子
목도리	マフラー
무료	無料
문화	文化
물	水
미용실	美容室

ㅂ	
바다	海
바람	風
바지	ズボン
박람회	博覧会
박물관	博物館
반찬	おかず
밤	夜
밥	飯、ご飯
밥솥	炊飯器(飯釜)
방	部屋
방학	学期休み
방향	方向
배낭	リュックサック
백화점	百貨店
버섯	キノコ
버스 정류장	バス停留所
베개	枕
병원	病院
복사기	コピー機
복숭아	桃
봄	春
부엌	キッチン、台所
비	雨
비밀번호	暗証番号
비행기	飛行機
빵	パン

ㅅ	
사과	りんご
사람	人
사무실	事務室
사자	ライオン
사진	写真
사회	社会
산	山
생산자	生産者
생선	魚(鮮魚)
생일	誕生日
서점	書店
선물	プレゼント、贈り物
선풍기	扇風機
섬	島
성격	性格
성별	性別
세계	世界
세제	洗剤
세탁기	洗濯機
소	牛
소고기	牛肉
소방서	消防署
소비자	消費者
속옷	下着、肌着
손님, 고객	お客さん、顧客
수건	タオル
수박	スイカ
수영	水泳
수족관	水族館
수학	数学
숙소	宿舎、宿
숟가락	スプーン

술	酒
시간표	時間表
시계	時計
시장	市場
식당	食堂
신발	靴
신호	信号
쓰레기통	ゴミ箱
	ㅇ
아래	下
안경	めがね
안주	おつまみ
앞	前
야구	野球
야채	野菜
약국	薬局
양궁	アーチェリー
양말	靴下
양식	洋食
어제	昨日
여권	旅券
여름	夏
역	駅
역사	歴史
연필	鉛筆
영어	英語
영화	映画
영화관	映画館
옆	横
오늘	今日
오른쪽	右、右側
오이	きゅうり
오징어	いか
온천	温泉
옷	服
왼쪽	左、左側
우산	傘
우유	牛乳
우체국	郵便局
우편번호	郵便番号
운동	運動
운동화	運動靴
원	ウォン(韓国の通貨単位)
원피스	ワンピース
월급	月給
위	上
유도	柔道
유리	ガラス
은행	銀行
음료수	飲料水
음식	食べ物
음악	音楽
의자	椅子
이불	布団
일식	日本料理(日食)
일정	日程
입구	入り口
	ㅈ
자연	自然
자유	自由
자전거	自転車
전시회	展示会
전자레인지	電子レンジ
전철	電車
전화번호	電話番号
절	寺
젓가락	箸
정장(양복)	スーツ(洋服)
정치	政治
주소	住所
주차장	駐車場
중식	中国料理(中食)

쥐	ネズミ
지리	地理
지하철	地下鉄
지하철	地下鉄
집	家
	ㅊ
차	茶
차(자동차)	車(自動車)
참기름	ゴマ油
책	本
책상	机
청소년	青少年
체육	体育
초대장	招待状
추억	思い出(追憶)
축구	サッカー
출구	出口
충전기	充電器
치마	スカート
치약	歯磨き粉
친구	友達
칠판	黒板
침대	ベッド
칫솔	歯ブラシ
	ㅌ
탁구	卓球
택시 기사	タクシー運転手
	ㅍ
편의점	コンビニ
편지	手紙
포도	ぶどう
표	切符、券、チケット
풍경	風景
풍선	風船
ㅎ	
하늘	空
학교	学校
한식	韓国料理(韓食)
항공권	航空券
해산물	海鮮(海産物)
해외	海外
핸드폰	携帯電話
허벅지	太もも
호랑이	トラ
화장실	化粧室、トイレ
화장품	化粧品
화학	化学
회	刺身
회사	会社
회원	会員
횡단보도	横断歩道
휴일	休日
휴지통	紙くず箱
【国・地域】	
아시아	アジア
인도네시아	インドネシア
한국	韓国
서울	ソウル
부산	釜山
제주도	済州島
사우디아라비아	サウジアラビア
싱가폴	シンガポール
태국	タイ
방콕	バンコク
중국	中国
베이징	北京
상하이	上海
대만	台湾
홍콩	香港
일본	日本
도쿄	東京
오사카	大阪

말레이시아	マレーシア
필리핀	フィリピン
유럽	ヨーロッパ
영국	イギリス
런던	ロンドン
이탈리아	イタリア
로마	ローマ
네덜란드	オランダ
스위스	スイス
스웨덴	スウェーデン
스페인	スペイン
덴마크	デンマーク
독일	ドイツ
노르웨이	ノルウェー
브라질	ブラジル
프랑스	フランス
파리	パリ
미국	アメリカ
뉴욕	ニューヨーク
하와이	ハワイ
호주	オーストラリア
시드니	シドニー
캐나다	カナダ
콜롬비아	コロンビア
아프리카	アフリカ
【家族・人の呼び方】	
가족	家族
부모님	両親
아버지	父、お父さん
어머니	母、お母さん
아빠	パパ、お父さん
엄마	ママ、お母さん
할아버지	祖父、おじいさん
할머니	祖母、おばあさん
오빠	兄(自分が女性の場合)
형	兄(自分が男性の場合)
언니	姉(自分が女性の場合)
누나	姉(自分が男性の場合)
동생	弟、妹
남편	夫
아내	妻
손자	孫(男の孫)
손녀	孫(女の孫)
아들	息子
딸	娘
사촌	従兄弟(従姉妹)
삼촌	叔父
이모	叔母
아저씨	おじさん
아주머니	おばさん
아가씨	お嬢さん
【職業など】	
직업	職業
의사	医者
운동선수	運動選手
외교관	外交官
회사원	会社員
가수	歌手
간호사	看護師
기자	記者
교수	教授
세탁소	クリーニング屋
경찰	警察
강사	講師
공무원	公務員
축구 선수	サッカー選手
사업가	事業家
사장	社長
직원	職員
선생님	先生
배우	俳優
버스 기사	バス運転手

변호사	弁護師
약사	薬剤師
학생	学生
유치원생	幼稚園生
초등학생	小学生
중학생	中学生
고등학생	高校生
대학생	大学生
외국인	外国人
어른	大人
어린이	子供
남자	男、男子
여자	女、女子
소녀	少女
소년	少年
주인	主人
주부	主婦
【体の部位】	
머리	頭
머리카락	髪
얼굴	顔
이마	額
눈썹	眉毛
눈	目
코	鼻
귀	耳
입	口
입술	唇
이	歯
혀	舌
턱	顎
목	首
어깨	肩
팔	腕
팔꿈치	肘
손	手
손가락	手の指
손톱	手の爪
배	腹
등	背、背中
허리	腰
엉덩이	尻
다리	脚
무릎	膝
발	足
발톱	足の爪
발가락	足の指
근육	筋肉
뼈	骨
【色】	
갈색	茶色
검은색	黒色
남색	藍色(ネイビー)
노란색	黄色
보라색	紫色
분홍색	ピンク色
빨간색	赤色
주황색	橙色(オレンジ)
초록색	緑色
파란색	青色
회색	灰色
흰색	白色

動詞・形容詞　パッチムなし	
ㄱ	
가다	行く
가르치다	教える
가지고 가다(가져가다)	持って行く
가지고 오다(가져오다)	持って来る
가지다	持つ
건너다	渡る

걸리다	かかる
계시다	いらっしゃる(있다の尊敬語)
고르다	選ぶ
고치다	直す
그리다	描く
기다리다	待つ
기르다	養う、育てる
기쁘다	嬉しい
깨다	覚める、目覚める
깨다	壊す、破る
꼬시다	ナンパする、誘う
꾸다	(夢を)見る
꾸미다	飾る
끄다	(火、明かりを)消す
끝나다	終わる

ㄴ	
나가다	出る(出て行く)
나누다	分ける
나다	出す
나쁘다	悪い
나오다	出てくる
나타나다	現れる、出て来る
남기다	残す
남다	余る、残る
내다	出す、支払う
내려가다	下る、降りる
내려오다	降りて来る
내리다	降る、おりる
내리치다	叩き落とす、打ち落とす
넘어지다	倒れる、転ぶ
노래를 부르다	歌を歌う
놀라다	驚く、びっくりする
놓치다	逃がす
느끼다	感じる
느리다	遅い

ㄷ	
다가가다	近寄る、近づく、迫る
다가오다	近づいてくる
다녀가다	立ち寄って行く
다녀오다	行って来る
다니다	通う
다르다	違う、異なる
다리다	アイロンをかける
다치다	傷つく、けがをする
달라지다	変わる、変化する
달리다	走る
당기다	引く、引っ張る
던지다	投げる
데리고 가다(데려가다)	連れて行く
데리고 오다(데려오다)	連れて来る
도와주다	助ける
돈을 내다	金を出す
돌리다	回す
돌아가다	帰る、回る、戻る
돌아가시다	お亡くなりになる(죽다の尊敬語)
돌아오다	戻ってくる、帰ってくる
되다	(~に)なる、できあがる
두다	置く
드러나다	ばれる、発覚する、現われる
드리다	差し上げる(주다の尊敬語)
드시다	召し上がる(먹다の尊敬語)
들르다	立ち寄る
들리다	聞こえる
들리다	聞かせる
들어가다	入って行く
들어오다	入って来る
등산하다	登山する
따라가다	ついて行く
따라오다	ついて来る

때리다	叩く
떠나다	離れる、立つ、去る、断つ
떨어뜨리다	落とす
떨어지다	落ちる、離れる、なくなる
뛰다	走る
ㅁ	
마르다	乾く
마시다	飲む
마치다	終わる、終える
만나다	会う
만지다	触る
망가지다	壊れる
맞추다	合わせる
만나다	会う
만지다	触る
망가지다	壊れる
맞추다	合わせる
머무르다	留まる
먹이다	食べさせる、飲ませる
멈추다	止まる
모르다	知らない、わからない
모으다	集める
모이다	集まる
목이 마르다	喉が乾く
못하다	できない
미끄러지다	滑る
미루다	延期する、延ばす
미치다	狂う
ㅂ	
바꾸다	代える、交換する
바라다	願う、望む
바라보다	見渡す
바쁘다	忙しい
배고프다	空腹だ
배부르다	満腹だ
배우다	習う

버리다	捨てる
보내다	送る
보다	見る
보여주다	見せる
보이다	見える
부러지다	折れる
부르다	呼ぶ、歌う、招く
붙다	つく、くっつく
비싸다	高い
비틀다	ひねる、ねじる
빌려 주다	貸す、貸してやる
빌리다	借りる
빠르다	早い、速い
빠지다	落ちる、抜ける、沈む
빼다	抜く、落とす、除く
ㅅ	
사다	買う
사라지다	消える
살이 빠지다	痩せる
살이 찌다	太る
살피다	うかがう、探る
삼키다	飲み込む
생기다	生じる、(何かが)出来る
서다	立つ、止まる
서두르다	急ぐ
세다	強い、数える
세우다	立てる、建てる
소리를 지르다	声を張り上げる
소리치다	叫ぶ、怒鳴る
쉬다	休む
슬프다	悲しい
시다	酸い、すっぱい
시작되다	始まる
시키다	させる、(料理などを)注文する
신나다	浮かれる

싸다(1)	安い
싸다(2)	包む
싸우다	争う、喧嘩する
쓰다(1)	書く
쓰다(2)	苦い、苦味がある
쓰다(3)	使う、使用する
쓰다(4)	被る、(メガネを)かける
	ㅇ
아프다	痛い
안되다	うまくいかない
알리다	知らせる
알아보다	調べる
어울리다	似合う
예쁘다	きれいだ
오다	来る
올라가다	上がる、登る
옮기다	移す、運ぶ
외우다	覚える、暗記する
움직이다	動く
이기다	勝つ
이루다	成す、遂げる、果たす
이르다(1)	告げる、言い付ける
이르다(2)	早い
일어나다	起きる、生じる、起こる
잃어버리다(지다)	なくしてしまう、失う
잊어버리다	忘れる、失念する
	ㅈ
자다	寝る
자라다	育つ
자르다	切る
잘되다	よくできる、うまくいく
잘생기다	かっこいい
잡수시다	召し上がる(먹다の尊敬語)
주다	あげる、くれる、与える
주무시다	お休みになる(자다の尊敬語)

죽이다	殺す
쥐다	握る
즐기다	楽しむ
지나가다	過ぎる
지나다	過ぎる、通る、超す
지나치다(통과하다)	通り過ぎる、通過する
지니다	保つ
지다	負ける
지우다	消す
지키다	守る
짜다	塩辛い、しょっぱい
짜증나다	いらつく
	ㅊ
차다	蹴る、冷たい
챙기다	取りそろえる、(欠かさず)用意する
체하다	胃もたれ
추측하다	推測する
취하다	酔う
치우다	消す
	ㅋ
켜다	(灯を)つける、ともす
크다	大きい
키가 크다	背が高い
키우다	育てる
	ㅌ
타다(1)	乗る
타다(2)	焼ける
태어나다	生まれる
태우다	焼く
튀다	跳ねる
틀리다	間違う
	ㅍ
퍼뜨리다	広める、言いふらす
피우다	吸う

動詞・形容詞　パッチムあり	
ㄱ	
가깝다	近い
가라앉다	沈む
가렵다	痒い
가볍다	軽い
갈다	研ぐ、変える
갈아입다	着替える
감다(1)	(目を)閉じる
감다(2)	(髪を)洗う
갖다	持つ
같다	同じだ、等しい
갚다	返す、戻す
걷다	歩く
걸다	かける
검다	黒い
겪다	経験する、経る
고맙다	ありがたい
괜찮다	大丈夫だ、構わない
굽다	焼く
귀엽다	可愛い
귀찮다	面倒だ
그렇다	そのようだ、そんなに
그립다	恋しい、懐かしい
긁다	掻く
기쁘다	うれしい
기울다	傾いている
길다	長い
깊다	深い
까맣다	黒い
까먹다	忘れる
까불다	ふざける、(上下に)揺り動かす
깎다	刈る、(物を)削る、切る
깨닫다	悟る
끊다	切る、断つ

끌다	引く
끓다	沸く
ㄴ	
날다	飛ぶ
남다	余る、残る
낫다(1)	治る、癒える
낫다(2)	勝る、すぐれる、ましだ
낮다	低い
낳다	産む
넓다	広い
넘다	超える、あふれる、過ぎる
넣다	入れる
노랗다	黄色い
녹다	溶ける
놀다	遊ぶ
놀라다	驚く
높다	高い
놓다	置く
눕다	横たわる、横になる
늘다	伸びる、増える、上達する
늙다	年を取る、老いる
늦다	遅い、遅れる
ㄷ	
닦다	磨く、ふく、ぬぐう
닫다	閉める
달다	甘い
닮다	似る
담다	(器などに)盛る、入れる
더럽다	汚い
덥다	暑い
돌다	回る
돕다	助ける
두껍다	厚い、分厚い
뒤집다	くつがえす、ひっくり返す
듣다	聞く、聴く
들다(1)	(手に)持つ、持ち上げる

들다(2)	入る、(家などに)入居する
떠들다	騒ぐ
떨다	震える、おびえる
뚫다	(穴を)開ける
뜨겁다	熱い
	ㅁ
막다	仕切る、隔てる
만들다	作る
많다	多い
말다	巻く
맑다	晴れ(天気)、清い、澄んでいる
맛없다	まずい
맛있다	おいしい
맞다	合う、正しい
맡다	引き受ける、受け持つ
맵다	辛い
먹다	食べる
멀다	遠い
멋있다	カッコイイ、素敵だ
무겁다	重い
무섭다	怖い
묶다	縛る
묻다	尋ねる、問う
묻다	埋める
물다	噛む
믿다	信じる
밀다	押す
	ㅂ
반갑다	嬉しい、喜ばしい、懐かしい
받다	受ける
밝다	明るい
밟다	踏む
벌다	(お金を)稼ぐ
벗다	脱ぐ
뵙다	お目にかかる
부드럽다	柔らかい
부럽다	うらやましい
부자연스럽다	不自然だ
불다	吹く
붓다	腫れる、浮腫む
붓다	腫れる
붙다	つく、くっつく
빌다	祈る、謝る、詫びる
빨갛다	赤い
	ㅅ
살다	生きる、住む、暮らす
삶다	煮る、茹でる、蒸す
상관없다	差し支えない、関わりない
상을 받다	賞をもらう
섞다	混ぜる
숨다	隠れる、潜る
쉽다	たやすい、容易だ
시끄럽다	騒々しい
시들다	しおれる、枯れる
신다	履く
싫다	嫌だ、嫌いだ
심다	植える
싱겁다	水っぽい、(味が)薄い
썩다	腐る
썰다	切る、刻む
썰다	切る、刻む
쏟다	こぼす、流す、注ぐ
쑥스럽다	照れくさい、きまりが悪い
쓸다	掃く
씹다	噛む
씻다	洗う
	ㅇ
아기를 낳다	子供を産む
아름답다	美しい
앉다	座る
알다	知る
얇다	薄い

얕다	浅い
어둡다	暗い
어떻다	どのようだ
어렵다	難しい、貧しい
어지럽다	目まいがする、乱れている
얻다	もらう、得る
얼다	凍る
없다	ない
열다	開く、開ける
외롭다	寂しい
울다	泣く
웃다	笑う
이끌다	引く、引き連れる
이를 닦다	歯を磨く
익다	煮える、熟する
읽다	読む
잃다	失う
입다	着る
잇다	結ぶ、つなぐ
있다	ある
잊다	忘れる
	ㅈ
자랑스럽다	誇らしい
자연스럽다	自然だ
작다	小さい
잡다	つかむ、握る
재미없다	おもしろくない
재미있다	おもしろい
적다	少ない
접다	畳む、折る
젖다	ぬれる、湿る
졸다	居眠りする
좁다	狭い
좋다	良い、好きだ
죽다	死ぬ
즐겁다	楽しい
짓다	建てる
짖다	吠える
짧다	短い、足りない、浅い
찍다	(写真を)撮る
	ㅊ
차갑다	冷たい
참다	こらえる、我慢する
찾다	探す、見つける、見つかる
춥다	寒い
	ㅍ
파랗다	青い
팔다	売る
펴다	広げる、開く
풀다	解く
필요없다	必要ない、要らない
	ㅎ
하얗다	白い
흔들다	揺する、振る
힘들다	大変だ

하다	
	ㄱ
가입하다	加入する
간단하다	簡単だ
간섭하다	干渉する
감독하다	監督する
감사하다	感謝する
강하다	強い
거절하다	拒絶する
거짓말하다	嘘をつく
걱정하다	心配する
건강하다	健康だ
게임하다	ゲームする
결석하다	欠席する
결심하다	決心する
결정하다	決定する

결혼하다	結婚する
경고하다	警告する
경험하다	経験する
계산하다	計算する
계속하다	続ける(継続する)
계획하다	計画する
고려하다	考慮する
고생하다	苦労する
고용하다	雇用する
공부하다	勉強する
관찰하다	観察する
교환하다	交換する
구경하다	見物する
구하다	求める、救う
궁금하다	気になる
극복하다	克服する
근무하다	勤務する
급하다	急だ
기대하다	期待する
기록하다	記録する
기부하다	寄付する
기억하다	覚える(記憶する)
긴장하다	緊張する
깨끗하다	綺麗だ
꼼꼼하다	几帳面だ
끔찍하다	ものすごい、ひどい
	ㄴ
낙서하다	落書きする
날씬하다	ほっそりしている
낭비하다	浪費する
너무하다	ひどい、あんまりだ
노래하다	歌う
노력하다	努力する
느끼하다	(味が)くどい
	ㄷ
당황하다	慌てる
대답하다	答える(返答する)
대충하다	大まかにする、手を抜く
더하다	加える
도착하다	到着する
동의하다	同意する
등록하다	登録する
등산하다	登山する
따뜻하다	暖かい、温かい
따라하다	真似する
따로따로하다	別々にする
딱딱하다	硬い
똑똑하다	賢い
똑바로하다	きちんとする
뚱뚱하다	太っている
	ㅁ
만족하다	満足する
말씀하다	おっしゃる
말하다	話す
멍청하다	馬鹿だ
명령하다	命令する
목욕하다	風呂に入る
무시하다	無視する
문자하다	メールする
미안하다	すまない、申し訳ない
미워하다	憎む
	ㅂ
반대하다	反対する
반하다	惚れる
발견하다	発見する
발명하다	発明する
발표하다	発表する
방해하다	妨害する、妨げる
배달하다	配達する
변하다	変わる、変化する
보고하다	報告する
보관하다	保管する

보호하다	保護する
복사하다	コピーする(複写する)
복수하다	復讐する
복습하다	復習する
복잡하다	複雑だ
부족하다	不足する
부탁하다	頼む(お願いする)
분석하다	分析する
분하다	惜しい
불쌍하다	かわいそう
불안하다	不安だ
불친절하다	不親切だ
불편하다	不便だ
불행하다	不幸だ
비교하다	比較する
비슷하다	似ている
빨래하다(세탁하다)	洗濯する
	ㅅ
사과하다	謝る
사랑하다	愛する
사업하다	事業する
사용하다	使う(使用する)
사인하다	サインする
삭제하다	削除する
산책하다	散歩する
상상하다	想像する
상하다	腐る
생각하다	思う、考える
샤워하다	シャワーする
서명하다	署名する
선물하다	プレゼントする
선택하다	選択する
설거지하다	皿洗いをする
설득하다	説得する
설명하다	説明する
설치하다	設置する

성공하다	成功する
성실하다	誠実だ
세수하다	顔を洗う
소개하다	紹介する
소독하다	消毒する
소중하다	大切だ
송금하다	送金する
쇼핑하다	ショッピングする
수고하다	ご苦労だ
수술하다	手術する
수영하다	泳ぐ(水泳する)
수집하다	集める(収集する)
숙제하다	宿題する
순수하다	純粋だ
습하다	湿っている
시도하다	試みる
시원하다	涼しい
시작하다	始める
시험하다	試す(試験する)
식사하다	食事する
신고하다	申告する
신기하다	不思議だ
신선하다	新鮮だ
실례하다	失礼する
실망하다	失望する
실수하다	ミスする、間違える
싫어하다	嫌い
심각하다	深刻だ
심부름하다	お使いする
심심하다	退屈だ
심하다	激しい、厳しい
쌀쌀하다	肌寒い
	ㅇ
안전하다	安全だ
애원하다	哀願する、嘆く
야하다	エロい

약속하다	約束する
약하다	弱い
억울하다	悔しい
엄격하다	厳格だ
여행하다	旅行する
연락하다	連絡する
연습하다	練習する
연애하다	恋愛する
예매하다	前売り(予約買い)する
예방하다	予防する
예습하다	予習する
예약하다	予約する
오해하다	誤解する
완벽하다	完璧だ
외출하다	外出する
요리하다	料理する
욕하다	悪口を言う
용서하다	許す
우울하다	憂鬱だ
운동하다	運動する
운전하다	運転する
원하다	願う、望む
위험하다	危険だ
위협하다	威嚇する
유명하다	有名だ
유용하다	流用する
의미하다	意味する
이별하다	別れる
이사하다	引っ越す
이상하다	可笑しい、変だ
이야기하다	話す
이용하다	利用する
이해하다	理解する
이혼하다	離婚する
인사하다	挨拶する
인쇄하다	印刷する
인정하다	認める
인출하다	(お金を)引き出す、下ろす
일하다	働く(仕事をする)
임신하다	妊娠する
입학하다	入学する
	ㅈ
잔소리하다	小言を言う
잔인하다	惨忍だ
잘못하다	誤る
잘하다	上手だ、うまい
재활용하다	再利用する、リサイクル
저장하다	保存する
전화하다	電話する
절약하다	節約する
정리하다	整理する
정직하다	正直だ
정확하다	正確だ
제대로하다	きちんとする
제대하다	除隊する
제안하다	提案する
조사하다	調査する
조심하다	気をつける
조용하다	静かだ
조절하다	調節する
존경하다	尊敬する
졸업하다	卒業する
좋아하다	好きだ、好む
죄송하다	申し訳ない、恐れ入る
주문하다	注文する
준비하다	準備する
중요하다	重要だ
증명하다	証明する
직진하다	直進する
질문하다	質問する
집중하다	集中する

ㅊ	
착하다	善良な、よい
찬성하다	賛成する
참가하다	参加する
창피하다	恥ずかしい
청소하다	掃除する
초대하다	招待する
추측하다	推測する
축하하다	祝う
출근하다	出勤する
출발하다	出発する
출석하다	出席する
충분하다	十分だ
충전하다	充電する
취소하다	取り消す
취직하다	就職する
취하다	酔う
치료하다	治療する
친절하다	親切だ
ㅌ	
탈출하다	脱出する
탓하다	~のせいにする
토하다	吐く
통통하다	ぽっちゃりしている
통화하다	通話する
퇴근하다	退勤する
투자하다	投資する
특별하다	特別だ
튼튼하다	丈夫だ
ㅍ	
편리하다	便利だ
편하다	楽だ
평범하다	平凡だ
포기하다	放棄する
포옹하다	抱擁する
포장하다	包装する
표현하다	表現する
피곤하다	疲れた
피하다	避ける
필요하다	必要だ
ㅎ	
하다	する
한가하다	暇だ
행동하다	行動する
행복하다	幸せだ
허락하다	許す(承諾する)
화장하다	化粧する
확인하다	確認する
환영하다	歓迎する
환전하다	両替する
활발하다	活発だ
회복하다	回復する
후회하다	後悔する

外来語	
게임하다	ゲームする
다운로드하다	ダウンロードする
더치패이하다	ダッチペイ(割り勘)する
드라마	ドラマ
디스카운트하다	ディスカウントする(値切る)
로맨틱하다	ロマンチックだ
리필하다	リフィル(おかわりする)
마라톤	マラソン
멜론	メロン
바나나	バナナ
배드민턴(을 치다)	バドミントン(をする)
배터리	バッテリー、電池
백업하다	バックアップする
버스	バス
샤워하다	シャワーする
선글라스(를 쓰다)	サングラス(をする)
세일하다	セールする

섹시하다	セクシーだ
소파	ソファー
쇼핑하다	ショッピングする
슈퍼마켓	スーパーマーケット
스노우보드(를 타다)	スノーボード(をする)
스케이트(를 타다)	スケート(をする)
스키(를 타다)	スキー(をする)
스킨십하다	スキンシップする
스피커	スピーカー
알바하다	アルバイトする
아파트	アパート
업그레이드하다	アップグレードする
업로드하다	アップロードする
에스컬레이터	エスカレーター
에어컨	エアコン
엘리베이터	エレベーター
오렌지	オレンジ
이벤트하다	イベントする
인터넷하다	インターネットする
점프하다	ジャンプする
조깅하다	ジョギングする
주스	ジュース
카피하다	コピーする
캠핑	キャンプ
커피	コーヒー
커피숍	コーヒーショップ
컨닝하다	カンニングする
컴퓨터하다	パソコンを使う
케익	ケーキ
코트	コート
콜라	コーラ
쿨하다	クールだ
클릭하다	クリックする
키보드	キーボード
키스하다	キスする
키위	キウイ
택시	タクシー
테니스(를 치다)	テニス(をする)
테이크아웃하다	テイクアウトする
티비	テレビ
티셔츠	ティーシャツ
파일	ファイル
파티하다	パーティーする
펜	ペン
폴더	フォルダ
프로포즈하다	プロポーズする
프린터	プリンター
프린트하다	プリントする
하키	ホッケー
햄버거	ハンバーカー
헬리콥터	ヘリコプター
화이팅하다	ファイトする(頑張る)
호텔	ホテル
체크인하다	チェックインする
체크아웃하다	チェックアウトする

副詞

가끔	時々
가만히	じっと、静かに
갑자기	急に
같이	一緒に、同様に
곧	すぐに
그냥	そのまま、ただ
그대로	そのまま
그래도	それでも
그래서	それで
그러고 나서	そして、それから
그러나	しかし
그러니까	だから
그런데	ところで
그럼(그러면)	それなら
그리고	そして

금방	すぐに
꼭	必ず、きっと
꽤	かなり、よほど
늘	いつも、常に
다	全部、すべて
다시	もう一度、再度
더	もっと、さらに
되게	すごく、大変
드디어	ついに
또	また
또는	または、もしくは、あるいは
똑바로	真っすぐに
많이	多く、たくさん
미리	あらかじめ
바로	正しく、すぐ
반드시	必ず、絶対
벌써	すでに、もう
별로	あまり、それほど
보다	より
빨리	速く、早く
사실	本当は、実際に
아니면	それとも
아마(도)	おそらく、たぶん
아무리	いくら(~しても)
아무튼	とにかく
아주	とても
아직	まだ
아직도	いまだに、まだ
어서	早く、さぁ、どうぞ
어쨌든	とにかく、いずれにせよ
언제나	いつも、しょっちゅう
얼른	すぐ、素早く
얼마나	どのくらい、どんなにか
역시	やはり、やっぱり
열심히	熱心に、一生懸命
왜냐하면	なぜなら
이미	すでに、もう
일찍	早く
자꾸	しきりに、何度も
자주	しょっちゅう、頻繁に
잘	よく
전혀	全く、全然
절대로	絶対に
점점	だんだんと
정말/진짜	本当に
제대로	きちんと、ちゃんと
제발	どうか
제일	第一
좀	少し、ちょっと
천천히	ゆっくりと
특히	特に
하지만	しかし、だが
함께	一緒に、共に
항상	いつも
혹시	もしも、もしかして

著者プロフィール

ソン・ウォン（송원／Song Won）

1987年、韓国・安養生まれ。韓国在住。
長年外国人と一緒に生活し、実生活を通して英語や日本語などを独学で身につける。社会人をはじめ様々なバックグラウンドを持つ学習者に韓国語や英語を教えることで得られたノウハウを元に、外国語を最も簡単に習得するためのメソッドを開発。自費制作の書籍『実戦韓国語文法（英語版:Korean Grammar for Speaking, スペイン語版:Gramática Coreana para Conversación, 中国語版:实战韩国语语法, インドネシア語版:Tatabahasa Korea untuk Berbicara）』シリーズがその単純ながら直感的で実用的な内容で世界中の韓国語学習者から高い評価を得ており、英語学習者に向けた『実戦英語会話（韓国語版、スペイン語版）』、日本語学習者に向けた『実戦日本語文法（韓国語版）』など多言語版を執筆している。

装丁 …………………………… 小山 巧（志岐デザイン事務所）
本文デザイン・DTP ……… 小山 巧、大山 陽子（志岐デザイン事務所）
録音 …………………………… 一般財団法人 英語教育協議会（ELEC）
ナレーター …………………… イ・ミヒョン、水月優希

実戦！韓国語文法

2023年3月25日　初版発行

著　者　ソン・ウォン
発行者　富永靖弘
印刷所　萩原印刷株式会社

発行所　東京都台東区台東2丁目24　株式会社 新星出版社
〒110－0016　☎03（3831）0743

ISBN978-4-405-01268-4